Les balades de Blandine

Balades-plaisir autour de Toulouse

Blandine GAREL

CÉPADUÈS-ÉDITIONS
111, rue Nicolas-Vauquelin
31100 TOULOUSE – France
Tél. : 05 61 40 57 36 – Fax : 05 61 41 79 89
(de l'étranger) + 33 5 61 40 57 36 – Fax : + 33 5 61 41 79 89
www.cepadues.com
e.mail: cepadues@cepadues.com

CHEZ LE MÊME ÉDITEUR

Musée virtuel du vélocipède – 1814-2000 .... *C. Astié*

Toulouse, chronique d'un désastre annoncé .... *H. Farreny, C. Moretto*

Champignons autour de Toulouse .... *J.Maillat*

Où trouver des champignons ? du Comminges aux Corbières .... *J.Maillat*

Navigation astronomique : pratique du sextant .... *H. Labatut, Th. du Puy de Goyne*

Navigation maritime côtière .... *H. Labatut, Th. du Puy de Goyne*

Le G.P.S. Aviation, Marine, Randonnées .... *Th. du Puy de Goyne*

ISBN : 2.85428.610.3

Dépôt légal : novembre 2003

N° éditeur : 610

AVANT-PROPOS

Si vous n'avez jamais goûté au plaisir de la randonnée, si, pour vous, le déplacement est un trajet que l'on effectue sur rues, routes ou autoroutes, acceptez d'expérimenter un nouvel art de vivre. Au rythme primitif de la marche, découvrez votre environnement seul, en famille ou en groupe.

C'est le premier pas qui coûte. Laissez pour quelques temps la vie régulière et livrez-vous aux aléas du chemin, du climat et des rencontres. Dès qu'on y a goûté, on ne peut plus résister à l'appel du sentier qui part en sous-bois ou à travers champs. De sente en sente, au rythme de son pas, le rapport à la nature change complètement. On la découvre, on apprend à la connaître, elle devient une source inépuisable de bonheur.

Le marcheur n'a rien à voir avec le sportif qui cherche à battre des records ou avec le citadin qui se désintoxique en transpirant dans une salle de gymnastique ou en courant au bord des routes. La marche est une relation forte entre le corps et la nature. Tous les sens sont en éveil : le pied est en contact direct avec le sol, les odeurs, les sons, le spectacle de la nature s'offrent au gré de votre pas. Car celui qui marche n'est pas pressé, il veut goûter un plaisir mûrement pressenti mais qui ne se raconte pas : arriver au sommet, au col, au village ou simplement au tournant du chemin. Mais randonner c'est aussi se délasser les pieds dans un ruisseau, boire un verre d'eau fraîche à la source, rencontrer un autochtone et partager avec lui, ramasser des champignons pour l'omelette du soir, admirer un moulin, un pigeonnier, un champ de jonquille, un troupeau de biches ou contempler l'abeille qui butine ou le sillon bien tracé qui nous annonce la récolte de la saison suivante...

C'est çà la randonnée : prendre le chemin et être disponible à tout ce qu'il va nous offrir. C'est un moment de grâce, une parenthèse de vie : les activités quotidiennes, les responsabilités, le travail sont mis de côté. « La nature est là qui t'invite et qui t'aime », il suffit de s'y plonger pour tomber sous ses charmes, ils sont inépuisables et chaque balade réserve ses surprises.

« Le souvenir des marches est une guirlande de moments d'exception » s'exclame David Le Breton.

Blandine Garel

Les points de repères : D et 1,2,3, que vous trouverez sur les descriptifs ont fait l'objet d'un point G.P.S, vous pourrez les entrer comme way points sur votre G.P.S. au cas où vous voudriez le tester sur ces balades. Ceci ne veut pas dire que vous avez besoin d'un G.P.S. pour ne pas vous perdre. Les descriptifs sont simples et complets, un croquis les accompagne et les repérages sont faciles. Certains circuits sont partiellement balisés. Il s'agit de s'entraîner à utiliser un engin qui peut rendre de grands services dans des sites difficiles : montagne, désert, nautisme, etc. ; vous devez choisir le système géodésique EUROPE 1950 (EUR 50) que l'on trouve sur le récepteur G.P.S. Vous trouverez l'abscisse et l'ordonnée de vos points précédées de 31T et UTM. Si le système de référence géodésique de votre G.P.S. est W.G.S. 84, il vous suffit de retirer 200 mètres aux repères qui vous sont donnés. Partez donc légers avec ou sans G.P.S.

BLANDINE GAREL , accompagnateur de randonnées pédestres en plaine est l'auteur des Sentiers d'Émilie autour de Toulouse paru en 1997. Elle vous propose 50 nouvelles randonnées inédites autour de Toulouse dans un rayon de 75 kilomètres maximum.

N.B. : Ces balades sont repérées avec le plus grand soin et fréquentées régulièrement par un groupe de randonneurs toulousains. Malgré tout il se peut que certaines modifications sur le terrain rendent un trajet difficile voire impossible. Dans ce cas, n'hésitez pas à nous faire part de vos remarques au plus vite :

- Par courrier à :
  Cépaduès Éditions
  111, rue Nicolas Vauquelin
  31100 Toulouse

- Par mail à :
  - cepadues@cepadues.com
  - balades_blandine@yahoo.fr

pour que nous puissions les prendre en compte lors des prochains tirages.

Nous vous en remercions.

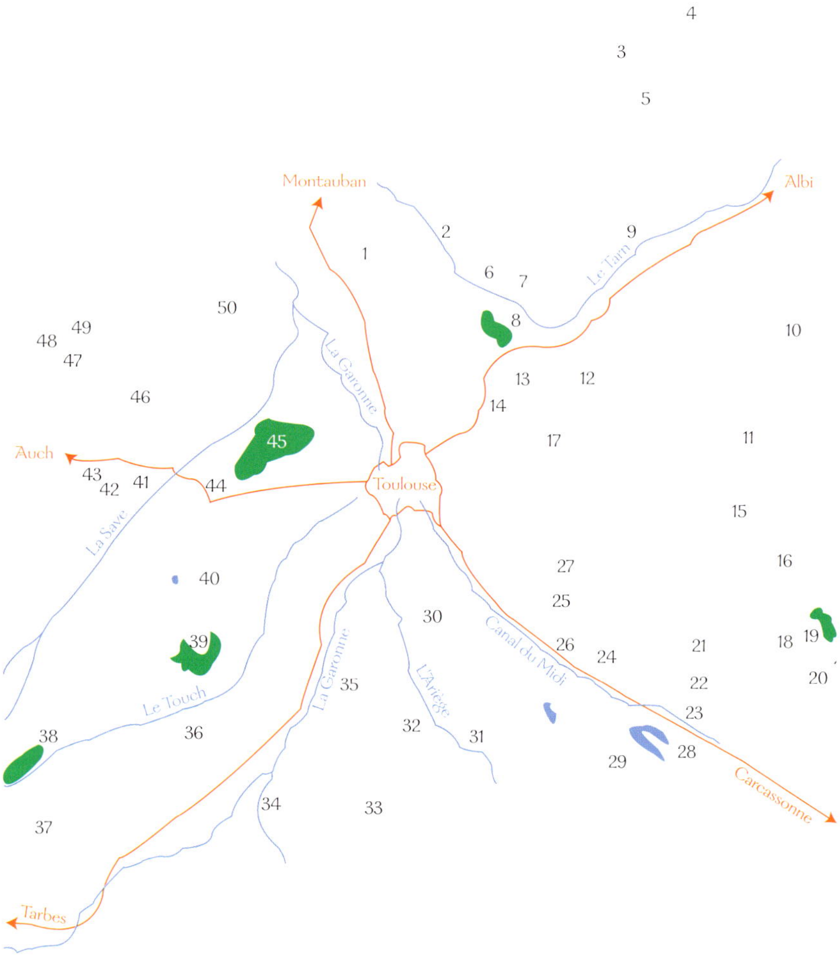

4
3
5
Montauban
Albi
2
9
1
Le Tarn
6
7
50
8
49
48
La Garonne
10
47
13
12
46
14
45
17
11
Auch
43
41
44
Toulouse
42
La Save
15
27
16
40
25
30
Canal du Midi
39
26
24
21
18
19
20
La Garonne
L'Ariège
35
22
Le Touch
23
36
32
38
31
28
29
Carcassonne
34
33
37
Tarbes

SOMMAIRE

SOMMAIRE

SOMMAIRE

1-Autour de Fronton

Au XIIe siècle, les hospitaliers de Toulouse créent une commanderie à Fronton. Dès cette période les vignobles du Frontonais sont connus dans la région, mais c'est surtout au XVIIIe et XIXe siècles que leur réputation atteint son apogée. Pour en savoir plus, n'hésitez pas à visiter la Maison des Vins et de l'Agriculture qui se trouve à Fronton, 51 avenue Escudier.

Cette balade à travers bois et vignes nous conduira d'ailleurs au château de Bel-Air, une cave très ancienne et semi enterrée où la totalité de la production familiale est écoulée en vente directe. Mais si la vigne règne sur la plus grande partie du circuit, les bois de chênes sont aussi très nombreux et très beaux. On passe en permanence de l'un à l'autre, le terrain est légèrement vallonné et les chemins sont la plupart du temps plats et faciles.

» POUR S'Y RENDRE (30 KM)

Á Toulouse, rejoignez Fronton par la D 4. Traversez le village et continuez sur la D 4 en direction de Labastide-Saint-Pierre. Juste à la sortie, prenez à gauche la route de Campsas, D 4. Garez-vous le long du cimetière, tout de suite à gauche.

» LA BALADE

Continuez sur la route de Campsas pendant 1,75 km et prenez à gauche un chemin qui monte dans un bois de chênes et rejoint rapidement le vignoble. Continuez entre vignes et bois et rejoignez un autre chemin en T que l'on prend à gauche. Poursuivez tout droit en passant derrière les bâtiments de la ferme de Fouchounet. Au bout des bâtiments, prenez le chemin à droite qui rejoint un chemin goudronné (chemin de Tardé).

1 Prenez-le à droite jusqu'au chemin de Bel-Air que l'on prend à gauche. Au bout de la vigne, avant les premières maisons, prenez à droite un grand chemin qui permet de rejoindre les bois. Poursuivez sur 700 m et au moment où le chemin se rétrécit prenez à droite la belle allée sous les chênes.

2 Continuez ainsi tout droit à travers bois puis vignes pendant 1,5 km et traversez la route de Campsas pour rejoindre Caudeval. Prenez le premier chemin à droite vers Mireval, il vous ramène sur la route de Campsas que l'on prend à gauche.

3 Continuez tout droit sur celle-ci jusqu'au point de départ.

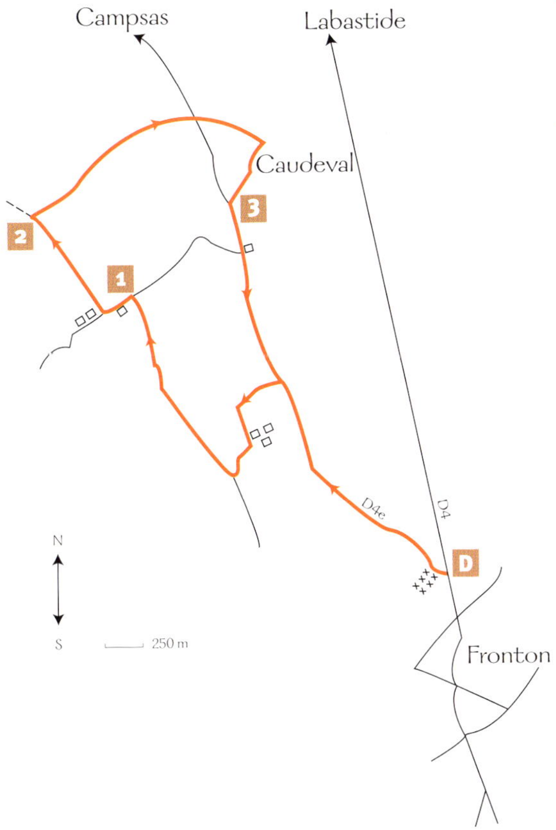

9 km
2 heures 15
I.G.N. 2042 est

Repères G.P.S. :

D 0370300
4856575

1 0369250
4857125

2 0367875
4858800

3 0369175
4858875

2•Entre Villemur-sur-Tarn et le Born

ICI, on ne part pas d'un village, mais de beaucoup plus haut (215 mètres près du château d'eau) pour descendre rapidement par un sous-bois très dense le long de la Pissolle. Le vallon est magnifique et très protégé, les arbres s'y portent à merveille : hêtres et chênes sont immenses et forment une cathédrale de verdure que nous prendrons à l'aller comme au retour. Nous remonterons ensuite aux Fillols et après un petit bout de route peu fréquentée, nous plongerons à nouveau vers les bois qui longent le ruisseau de Pontous. Cette traversée ombragée nous ramènera sur des chemins de crête d'où la vue sur la plaine du Tarn et Villemur est remarquable. Par temps clair la ligne d'horizon peut porter le regard très loin jusqu'aux montagnes. C'est une balade sans problèmes bien qu'elle soit toute de montées et de descentes. Les chemins y sont larges et faciles à trouver, alors, bonne promenade.

›› POUR S'Y RENDRE (31 KM)

Á Toulouse, rejoignez la route de Villemur, D 14 et continuez sur celle-ci en direction de Le Born. 2 km après Villemur, observez un château d'eau sur votre gauche. Garez-vous tout de suite à gauche, juste après le chemin de Bontaud.

›› LA BALADE

Prenez le chemin de Bontaud qui part à droite au pied du château d'eau et continuez sur ce grand chemin qui rejoint les bois. Laissez 2 fois le chemin à droite et suivez le balisage vert. Á la sortie du bois, prenez à gauche le grand chemin qui remonte aux Fillols. Au premier bâtiment, prenez à gauche et rejoignez par le chemin d'accès la route D 29.

1 Prenez-la à droite sur 1,75 km, c'est-à-dire pendant 25 minutes environ, et prenez à gauche un chemin balisé jaune qui descend jusqu'au ruisseau de Pontous. Franchissez-le et continuez à travers bois sur le chemin balisé jaune.

2 Après les bâtiments de La Colombe, prenez deux fois à gauche pour rejoindre Les Fillols. Traversez à nouveau le village et prenez à droite le chemin balisé vert qui vous ramènera à travers bois à votre point de départ.

9 km
2 heures 30
I.G.N. 2142 ouest

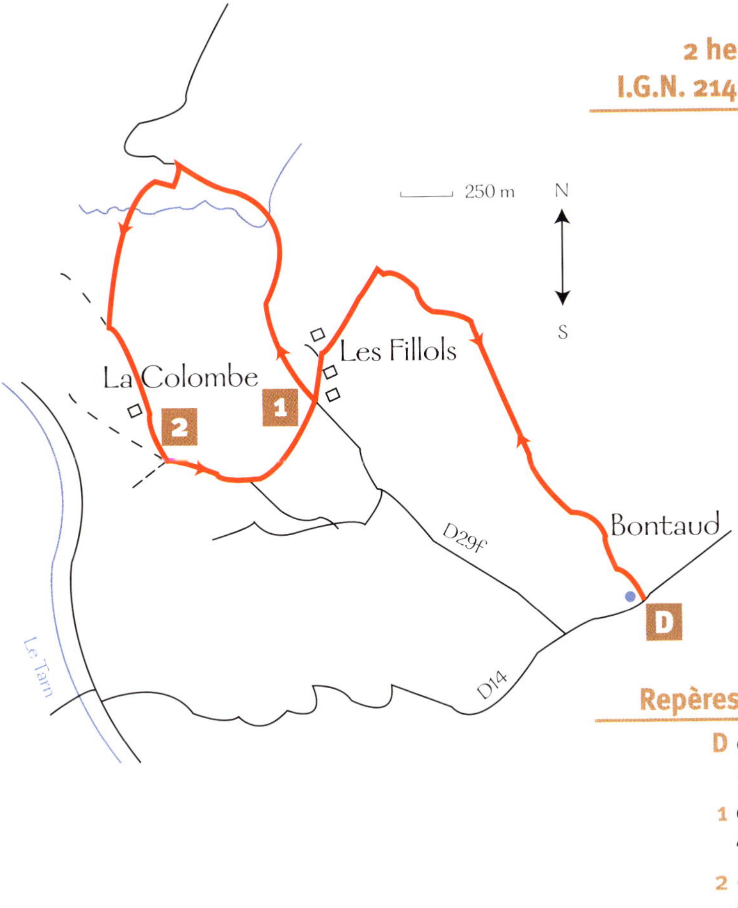

Repères G.P.S. :

D 0382375
4859150

1 0380750
4859975

2 0379950
4859925

3•De Puycelsi à la Forêt de la Grésigne

PUYCELSI est un village médiéval bâti dans un site pittoresque : une plate-forme rocheuse qui domine la vallée de la Vère. Des remparts des XIVe et XVe siècles la vue s'étend au loin, notamment sur la forêt de la Grésigne.

Au hasard des rues vous découvrirez ce pittoresque village : la chapelle du Petit Saint Roch, la Maison Féral et l'église paroissiale avec sa nef gothique et son clocher porche du XVIIIe siècle.

Nous vous proposons ensuite une balade en forêt avant de rejoindre le sentier du Patrimoine qui ramène au village en le livrant sous un jour nouveau, ô combien plus beau ! Pour le rejoindre, nous traverserons le Verger Conservatoire Régional, sorte de fruitothèque de demain qui compte plus de six cents variétés de pommiers, poiriers, pruniers, cerisiers, pêchers, abricotiers, amandiers, noyers et noisetiers. C'est à vous de choisir la saison en fonction de la fleur ou du fruit.

›› POUR S'Y RENDRE (65 KM)

Á Toulouse, rejoignez Gaillac par la route d'Albi : Sortez de Gaillac par la N 922 vers Cordes. Prenez à gauche la D 964 en direction de Castelnau de Montmirail puis rejoignez Puycelsi par la D 8. Garez-vous sur la grande place près du monument aux morts.

›› LA BALADE

Au départ, après avoir traversé le village, rejoignez la Porte de l'Irissou et le Chemin de Ronde.

1 Remontez la D 8 sur 300 m. Prenez à droite un sentier qui en 300 m conduit à un mur derrière lequel se trouve une chapelle. Prenez le chemin qui la longe à gauche. Continuez toujours tout droit jusqu'à un grand chemin.

2 Prenez-le à gauche et remontez le long d'un village de vacances jusqu'à la D 8. Traversez la route et prenez en face une sente qui redescend dans la forêt. A la bifurcation, continuez à gauche en descendant.

3 En arrivant au grand chemin le long de l'Audoulou, tournez à gauche pour remonter à Puycelsi par le sentier du Patrimoine à contresens (balises jaunes et vertes). Continuez sur le sentier à flanc de coteau, passez au-dessus du Verger Conservatoire, longez l'ancien lavoir communal et rejoignez la route qui passe devant le cimetière. Remontez en traversant le village jusqu'à votre point de départ.

5,5 km
1 heure 20
I.G.N. 2141 est

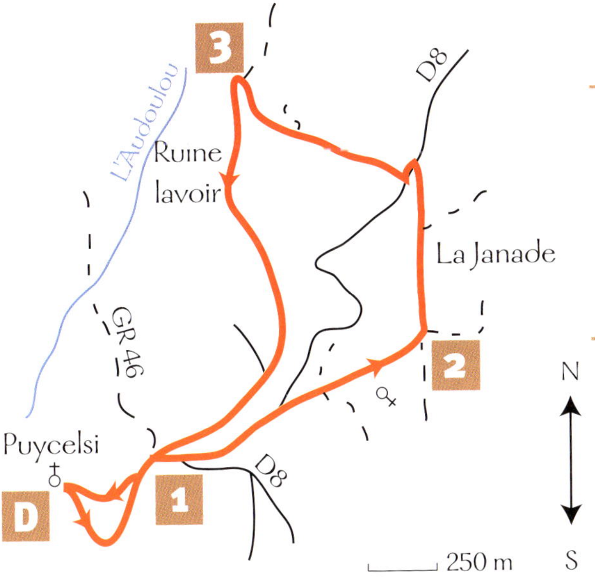

Repères G.P.S. :

D 0396375 4872050

1 0396750 4872125

2 0397675 4872625

3 0396975 4873475

4•De la route de la baronne à l'oppidum St-Clément

NOUS sommes ici au cœur de la forêt de la Grésigne, la plus vaste chênaie du sud de la France à dominante méridionale : lavandins, chênes verts et pistachiers. Mais l'histoire a laissé des traces encore visibles de nos jours puisque cette forêt gauloise abrite des places fortifiées dont le plus bel exemple est l'oppidum Saint-Clément que nous visiterons au cours de notre balade. C'est une butte de 36 mètres de haut entourée de fossés de 8 mètres de large sur laquelle on se promène en retrouvant le puits et bien d'autres traces de vie.

François Ier organisa une coupe d'arbres dans la forêt de la Grésigne pour faire des merrains à barrique. Colbert vint y chercher des mâts de chênes pour la marine royale. Bref, celle-ci a été très exploitée au cours des temps.

Aujourd'hui, il reste 3,526 ha de forêt exploitée, entretenue et préservée jalousement par les tarnais. Nous allons d'abord la dominer en rejoignant la route forestière de la Baronne. Puis, nous nous enfoncerons dans les sous-bois le long du Rio Negre avant de rejoindre l'oppidum Saint-Clément.

>> POUR S'Y RENDRE (64 KM)

Á Toulouse, rejoignez Gaillac par la route d'Albi. Sortez de Gaillac par la N 922 vers Cordes. Prenez à gauche la D 964 jusqu'à Castelnau de Montmirail. 3 km plus loin, toujours sur la D 964 au carrefour, prenez tout droit la D 87 en direction de la maison forestière de la Grande Baraque. Á la Grande Baraque tournez à droite sur la route de Sainte-Beauzille. Garez-vous à l'entrée de la seconde route forestière sur votre gauche.

>> LA BALADE

Faites 250 m sur la route forestière et prenez à droite un sentier de coupe qui monte à travers bois (balisage ronds jaunes). Suivez le balisage jaune jusqu'à la route forestière de la Baronne.

1 Tournez à gauche et suivez-la sur plus de 2,5 km (toujours balisage jaune).

2 Prenez à gauche, plongeant dans le sous-bois, un passage toujours balisé jaune. Il descend le long du ruisseau jusqu'à la route forestière de Mailhac .

3 Prenez-la à gauche sur 600 m. Au carrefour, après le pont, prenez à droite sur 400 m et tournez à gauche à l'entrée d'une clairière. On retrouve un balisage jaune. 200 m plus loin, sur votre gauche, trouvez dans les arbres un fossé entourant une butte : c'est l'oppidum Saint-Clément. Faites-en le tour. Revenez sur vos pas jusqu'à la patte d'oie. Continuez tout droit vers le sud sur la route forestière jusqu'au point de départ.

8 km
2 heures
I.G.N. 2141 est

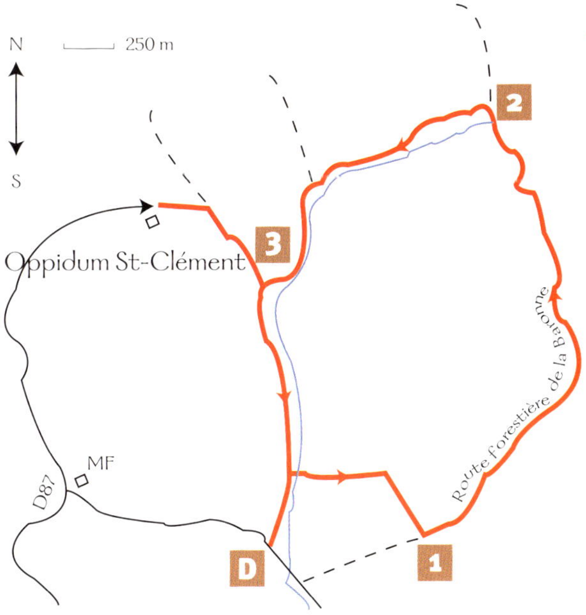

Repères G.P.S. :

D 0402200 4874750

1 0402950 4874750

2 0403375 4876850

3 0402475 4876475

5•De Lacapelle à Laval

VOUS êtes ici sur le chemin de grande randonnée qui relie Castelnau-de-Montmirail à Puycelsi, un G.R. qui permet de visiter les Bastides albigeoises et la forêt de la Grésigne, deux hauts lieux de la région de Gaillac.

De Lacapelle à Laval vous avez en toile de fond permanente deux bastides connues : vers le nord et toute proche, la bastide de Puycelsi ; à l'est et plus loin, la cité fortifiée de Castelnau-de-Montmirail.

Entre la forêt de la Grésigne et celle de Sivens, nous empruntons un chemin de crête qui ne manque pas de charme. La vue porte loin et la descente rapide en sous-bois sur le ruisseau de Rieubois est très belle. Laval est un tout petit village mais chaque maison a fait l'objet d'une restauration coquette que vous pourrez apprécier. On revient par un chemin goudronné dans une campagne qui met l'eau à la bouche : les oies, les poules, les moutons, les vaches, les vignes, les cultures, tout laisse penser que la table doit être bonne.

Á Lacapelle, les moutons s'affolent à la vue de votre voiture : « ils n'ont pas l'habitude », nous a dit la gardienne. Il est vrai que nous n'avons pas vu un véhicule pendant tout le circuit ni pendant l'heure que nous avons passée au village.

» POUR S'Y RENDRE (49 KM)

Á Toulouse, rejoignez l'Isle sur le Tarn par la D 988 ou l'A 68. Sur la D 988, vers Albi, prenez à gauche la D 14 vers Lapeyrière puis les Barrières. Traversez le village et continuez sur la D 14 jusqu'à Lacapelle. Garez-vous derrière le cimetière ou en face de l'église.

» LA BALADE

Prenez derrière le cimetière le chemin qui descend balisé rouge et blanc. Sur la route, prenez à gauche, puis le second chemin à gauche derrière une maison.

1 Continuez sur ce chemin pendant 1 km.

2 Tournez à droite sur un sentier en épingle à cheveux qui descend en sous-bois, (toujours balisé rouge et blanc). En 1 km, on rejoint un chemin goudronné.

3 Prenez-le à droite, passez sur le Rieubois et remontez.

4 Au carrefour, prenez, en face, le chemin qui part le long de la croix et continuez sur celui-ci jusqu'à la route, à l'entrée de Laval. Prenez la route tout de suite à droite.

5 Quittez-la avant le pont sur La Vère en tournant à droite sur le chemin goudronné. Suivez-le sur 2 km, retrouvez le chemin de l'aller, G.R. rouge et blanc et remontez à Lacapelle.

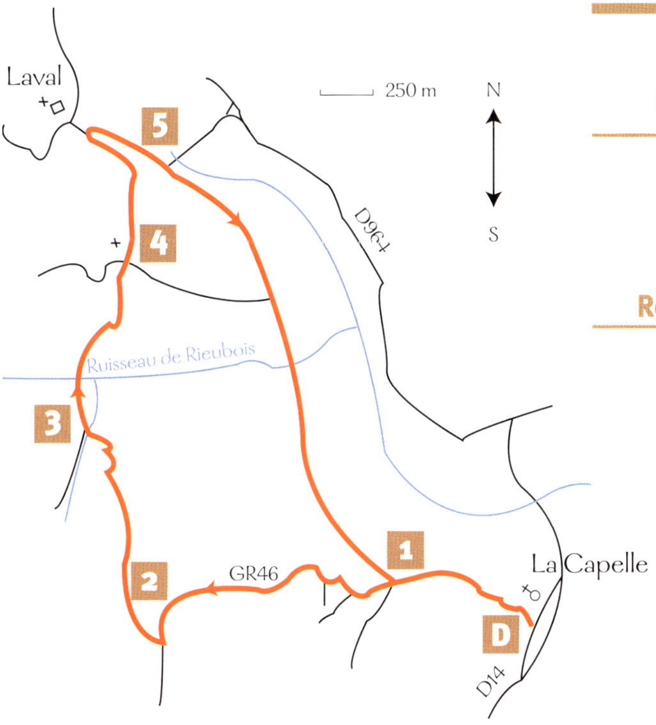

8 km
2 heures
I.G.N. 2141 est

Repères G.P.S. :

D 0398750 4868275

1 0398125 4868475

2 0397050 4868125

3 0396675 4869125

4 0392050 4870325

5 0397075 4870500

6-De Mirepoix-sur-Tarn à Layrac

PETIT village au bord du Tarn, Mirepoix ressemble à ses voisins avec son grand pont sur la rivière qui roule des eaux abondantes. La place de la République très arborée offre aux beaux jours une ombre bienfaisante.

Il faut s'élever au-dessus de Mirepoix par un chemin large mais raide pour rejoindre un balcon sur la plaine du Tarn où le regard atteint les Pyrénées par temps clair. Le long du chemin, les demeures et leur parc sont beaux, les cerisiers en fleurs ou en fruits selon les saisons régalent le passant.

On rentre à peine dans Layrac où il semble que la vie est bien douce. Les hortensias et les tilleuls sont vigoureux et bien chargés. En passant devant le gîte rural, on a envie de s'y arrêter, mais il faut revenir par un autre chemin large qui traverse un bois aux chênes vigoureux avant de faire un petit détour par les Bourgarels de l'autre côté du vallon du Lauzat.

>> POUR S'Y RENDRE (30 KM)

Á Toulouse, prenez l'autoroute d'Albi, prenez la sortie 4 puis la direction de Buzet et Bessières. 3 km après Bessières, sur la route de Villemur, prenez à droite vers Mirepoix, franchissez le Tarn et continuez tout droit sur la D 22 vers Montvalen. Stationnez près de l'église.

>> LA BALADE

Laissez la D 22 et partez sur le chemin goudronné plein ouest, à gauche de l'église. Prenez la première à droite et continuez sur le chemin qui grimpe jusqu'au moto-cross. Rejoignez la route, prenez-la à gauche et continuez tout droit sur 2 km environ jusqu'à Layrac.

1 Entrez dans Layrac, laissez l'église à gauche, descendez à droite. Prenez à droite le chemin qui rejoint le pont sur le Crève Cor et permet de rejoindre l'école. Prenez à droite la route qui passe devant l'école. 200 m plus loin, à la patte d'oie, continuez à droite sur la route de Montgiscard. Longez le Crève Cor, laissez sur votre droite deux chemins goudronnés. Juste après le pont, prenez à droite un grand chemin herbeux. Remontez tout droit, traversez le bois de chênes et continuez jusqu'au bout le chemin de Beuze.

2 Prenez la route à droite sur 350 m environ, puis prenez à droite une petite route qui monte, elle fait un coude et 250 m plus loin un grand chemin descend à gauche. Prenez-le et descendez jusqu'à la route que l'on prend vers Mirepoix.

3 200 m plus bas, prenez à gauche le chemin qui traverse le vallon, passez sur le Lauzat et remontez jusqu'aux Bourgarels. A l'intersection prenez à droite jusqu'à la route que l'on prend à droite pour rejoindre l'église.

9 km
2 heures 30
I.G.N. 2142 ouest

Repères G.P.S. :

D 0385625 4852550

1 0384050 4854600

2 0386225 4854350

3 0385825 4852775

7•De Roquemaure à la chapelle Notre-Dame-de-Grâce

NOUS partons d'un tout petit village sur les coteaux au-dessus du Tarn. Cette balade va nous mener à travers bois et cultures d'une crête à l'autre, de Roquemaure à Mezens. Au creux nous profiterons des sous-bois de châtaigniers et de chênes ; sur les crêtes nous laisserons le regard s'égarer au loin, jusqu'aux Pyrénées par temps clair.

Les cultures sont variées et l'été, les tournesols enchantent le regard. Au long de l'année, la forêt passe par toutes les couleurs, la vigne rougit en octobre, les arbres fruitiers fleurissent au printemps, on ne sait à quelle saison ce circuit est le plus beau.

Nous passons aussi devant la chapelle Notre-Dame-de-Grâce qui fait encore de nos jours l'objet d'un pèlerinage annuel. En effet Saint-Vincent-de-Paul vécut quelques temps non loin de là, à Buzet-sur-Tarn où l'on peut voir sa maison. Il aurait dit sa première messe dans cette chapelle, aujourd'hui parfaitement restaurée et entretenue.

Cette randonnée est un peu longue et sportive. Par temps humide les chemins peuvent être boueux et ravinés.

>> POUR S'Y RENDRE (29 KM)

Á Toulouse prenez l'autoroute d'Albi et sortez à Buzet-sur-Tarn que vous rejoignez par la D 22. Dans Buzet, traversez le pont sur le Tarn et tournez à gauche en direction de Bessières. Sur la D 18, allez jusqu'à Roquemaure et garez-vous devant l'église.

>> LA BALADE

Revenez sur la D 18 en longeant le château. Tournez à gauche sur 50 m et prenez le chemin goudronné qui part dans le coude de la route (balisage VTT). Continuez tout droit et prenez le chemin à gauche. Rejoignez le bois et rentrez dedans par le chemin qui descend tout droit. Descendez ainsi jusqu'au ruisseau de Vernas. Franchissez-le et remontez. En lisière de bois, tournez à droite, poursuivez et sur la crête prenez à gauche.

1 On rejoint ainsi la ferme de Font-Jean, rejoignez la route D 35 par son chemin d'accès. Sur la route tournez à droite et 50 m plus loin, prenez à gauche le chemin qui longe le ruisseau.

2 Sept cents mètres plus loin, franchissez le ruisseau de Gaillagol et remontez en gardant le grand chemin toujours à gauche. 1 km plus loin, on retrouve à Janoye la D 28 que l'on remonte à gauche sur 500 m.

3 Tournez à gauche vers la chapelle Notre-Dame-de-Grâce et remontez tout droit sur 1,5 km. Après la chapelle on rejoint la D 35, traversez-la et continuez vers Ritounet et Blanc pendant 1 km.

4 Traversez la dernière ferme et prenez le chemin qui descend sur 50 m. Obliquez à droite sur un grand chemin herbeux. Au pied d'un grand chêne on retrouve le chemin de l'aller. Prenez à droite et remontez le bois pour rejoindre Roquemaure.

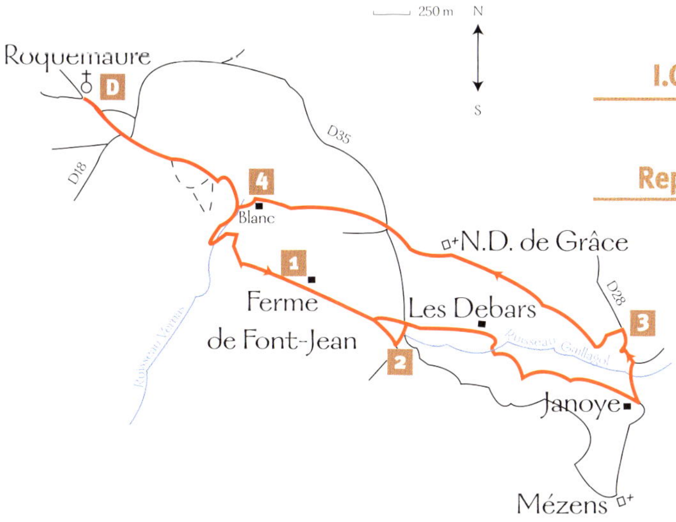

10 km
2 heures 45
I.G.N. 2142 est

Repères G.P.S. :

D 0389350 4852075

1 0390250 4850450

2 0391950 4850775

3 0392875 4850775

4 0390400 4851350

VOICI un coteau qui réserve beaucoup de surprises. Après avoir admiré les vergers de pommiers dans la plaine, vous vous élèverez doucement par des fonds de vallons frais en été et à l'abri du vent lorsqu'il souffle.

La végétation est encore sauvage, la vue parfois dégagée porte le regard très loin sur le Tarn et la Forêt de Buzet. Il n'est pas rare de rencontrer une biche qui, apeurée, prend le large prestement. Les écureuils et les buses sont toujours de sortie et bien sûr il y a tous ceux qui vous regardent et que vous ne verrez que si vous vous immobilisez longuement et en silence.

Au retour, le regard plonge sur la vallée. Les arbres fruitiers, au printemps, font un tapis de fleurs en premier plan et de l'autre côté du Tarn, le village de Buzet avec son joli clocher toulousain nous ramène agréablement à la civilisation.

>> POUR S'Y RENDRE (24 KM)

Á Toulouse, prenez l'A 68 ou la D 988 jusqu'à Gemil. Prenez à gauche la D 22 en direction de Buzet-sur-Tarn. Traversez le village, passez sur le Tarn et tournez à gauche. Passez au lieu-dit Les Amandiers. 500 m plus loin, prenez à droite le premier chemin carrossable. Stationnez le long du chemin.

>> LA BALADE

Continuez, Nord-Ouest, le chemin carrossable. 600 m plus loin, laissez-le à droite en épingle à cheveux et continuez tout droit dans le vallon que l'on remonte sur 800 m.

1 Au fond du vallon, laissez à droite le grand chemin qui monte tout droit. Prenez à gauche un sentier qui remonte en serpentant et sort à la croisée des chemins. Prenez celui d'en face qui descend sur 1 km.

2 Laissez à gauche un chemin qui revient et continuez en courbe sur votre droite pendant 1,7 km.

3 On rejoint une route carrossable que l'on prend encore à droite. En restant toujours à droite, la route devient chemin, poursuivez-le sur plus d'1 km.

4 Laissez le chemin qui descend tout droit pour continuer à droite sur le chemin carrossable qui en 500 m ramène au chemin de départ. Prenez à gauche en épingle à cheveux et rejoignez tout droit le point de départ.

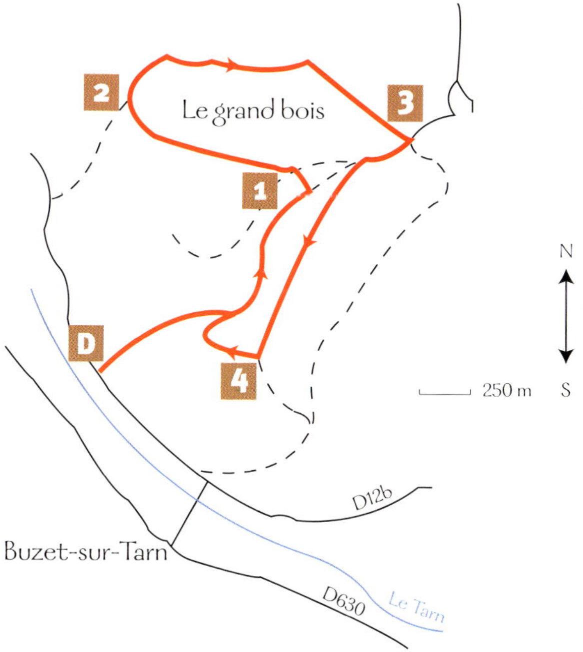

6 km
1 heure 30
I.G.N. 2142 est

Repères G.P.S. :

D 0389375 4849450

1 0390625 4850200

2 0389750 4850625

3 0391125 4850400

4 0390425 4849375

9•Découverte du pays rabastinois

L'ÉGLISE de Rabastens ne peut passer inaperçue, c'est une véritable forteresse du XIIe siècle avec un portail aux chapiteaux romans qui mérite une halte. Mais cette petite ville ne se résume pas à son église. En traversant le Tarn, on peut en apprécier tout le charme : ces maisons anciennes blotties autour de l'église donnent une impression de masse solide ancrée sur le coteau à l'intérieur de ses remparts.

La ville est active, la tradition de la sculpture du bois qui date du XVIIe se perpétue par l'industrie du meuble. La campagne environnante ne manque pas de charme. Elle est riche : vignobles, arbres fruitiers, céréales, primeurs, rien ne manque.

Nous partirons à travers vignes et champs pour rejoindre l'église de Saint-Martin-de-Mours d'où l'on peut admirer toute la vallée du Tarn. Le retour se fera à travers un habitat dispersé par de jolis chemins de coteaux.

>> POUR S'Y RENDRE (45 KM)

Á Toulouse, prenez l'autoroute d'Albi (A 68) et prenez la sortie 7, direction Rabastens. Passez le Tarn et remontez dans la ville. Prenez à droite la route d'Albi (N 88) le long du Mail. Au bout de cette place du Mail laissez la N 88 et continuez tout droit par la D 18. S'arrêter à gauche rue du Petit Faubourg, près du pigeonnier.

>> LA BALADE

Au fond de la rue du Petit Faubourg, prenez à droite la rue du Pigeonnier et continuez tout droit jusqu'au fond de l'impasse. Continuez par le chemin qui vire un peu plus loin à gauche puis à droite. Rejoignez le chemin goudronné et prenez-le à gauche. 200 m plus loin, prenez un grand chemin à droite.

1 Continuez sur ce chemin, 1 km plus loin, il coupe une route, poursuivez en face encore 1 km. Laissez sur votre gauche le chemin des Darasses et celui des Laurens pour continuer tout droit sur le chemin d'accès à la belle bâtisse qui est devant vous.

2 Rejoignez la route et prenez-la à gauche, elle remonte à la chapelle Saint-Martin-de-Mours. Plus haut, prenez à gauche vers le Bec-d'Auque et continuez tout droit sur le chemin derrière les bâtiments. Plus loin, le chemin tourne à droite puis à gauche devant la maison des Perelles et rejoint un grand chemin que l'on prend à gauche. Poursuivez celui-ci jusqu'à la route.

3 Tournez à gauche sur la route et prenez 50 m plus loin un chemin qui descend à droite (15°). 700 m plus loin, laissez le chemin de droite et continuez à gauche. En 1,7 km on rejoint la route. Prenez-la à gauche. 500 m plus loin on retrouve l'itinéraire de départ en 1. Prenez le second chemin à droite et rejoignez le pigeonnier tout droit par l'itinéraire de départ.

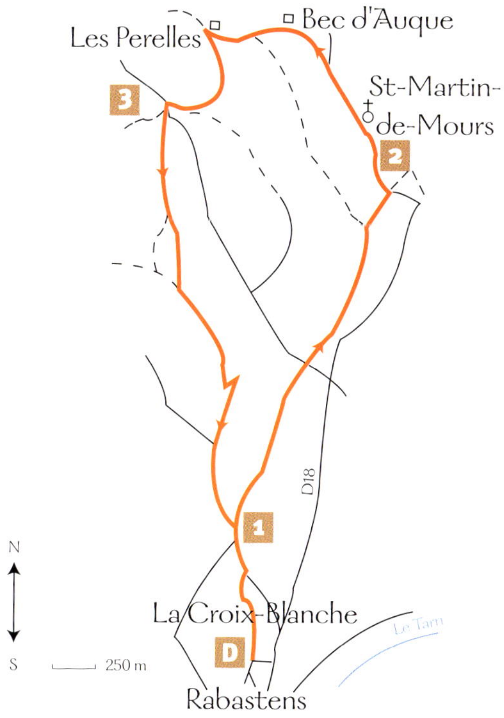

8,5 km
2 heures 15
I.G.N. 2142 est

Repères G.P.S. :

D 0397800 4853500

1 0397750 4854275

2 0398500 4856175

3 0397200 4856550

10•Autour de Puybegon

« POURQUOI venez-vous par ici alors que les habitants ne pensent qu'à quitter le pays ? » nous déclare la petite dame qui tricote devant chez elle. « Des chemins ! il n'y en a plus, on les goudronne tous pour faire passer les tracteurs, il pleut si fort ici que çà ravine trop. »

Rassurez-vous, nous en avons trouvés à travers bois et champs et le pays vaut la peine d'être visité. Á plusieurs endroits la vue est splendide, la tranquillité assurée et les autochtones sont, il est vrai, toujours heureux de bavarder avec le passant qui goûte les charmes de leur pays.

>> POUR S'Y RENDRE (53 KM)

Á Toulouse, prenez l'A 68 en direction d'Albi. Sortez à l'Isle-sur-le-Tarn. Prenez la D 10 en direction de Graulhet puis la D 15 en direction de Peyrole puis Puybegon. Garez-vous sur la route en dessous de l'église.

>> LA BALADE

Prenez la route plein nord par laquelle vous êtes arrivés. 400 m plus bas prenez le beau chemin à gauche qui vous invite à la pêche, poursuivez-le sur 1 km.

1 Sur la D 19 prenez à gauche pendant 800 m ct tournez à droite en direction des Coutrillades.

2 1 km plus loin, juste après une propriété, prenez à droite le chemin qui part dans le bois. Poursuivez-le sur plus d'1 km, jusqu'à la Vernerie. Le chemin fait un T, prenez-le à droite et rejoignez la route. Prenez-la à droite.

3 400 m plus loin prenez le chemin goudronné qui part en direction de Peyrole. Passez à Sainte-Raffine. 500 m plus loin, la route fait un coude à gauche.

4 Quittez cette route et continuez tout droit sur un large chemin de crête. Poursuivez ce chemin sur 1 km jusqu'à la route D 19 que vous prenez à droite. 300 m plus loin on retrouve à gauche le chemin de l'aller en 1 qui ramène à Puybegon.

9 km
2 heures 30
I.G.N. 2242 ouest

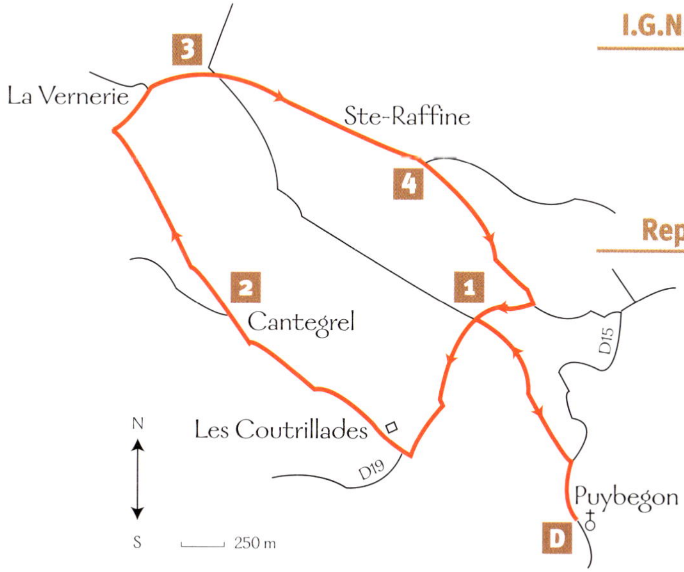

Repères G.P.S. :

D 0411125
4849250

1 0410275
4850450

2 0409125
4850475

3 0409000
4851875

4 0410250
4851300

11•Ambres : entre Agout et Dadou

SUR la rive gauche de l'Agout, Lavaur et sa cathédrale méritent le détour. C'est de l'autre côté de l'Agout que l'on découvre le petit village d'Ambres. La route ne va pas plus loin. Ici, il n'y a pas de gens de passage, c'est la tranquillité assurée. Par un petit chemin on descend sur les rives de l'Agout, véritable verger géant. Il faut faire cette promenade au début d'avril pour y admirer les pommiers en fleurs. Il est rare d'en voir autant à la fois. Ne craignez rien, l'abondance n'engendre pas la monotonie car chaque variété a sa fleur spécifique. La plupart sont bicolores et cet ensemble rose et blanc enchante l'œil et célèbre magistralement le printemps.

La saison du fruit moins féerique pour l'œil ne manque pas d'intérêt. La pomme peut être rouge ou verte et les champignons sont nombreux à la même époque, de quoi agrémenter l'omelette du soir.

Vous rejoindrez le village qui domine tout le circuit par un grand chemin bordé de jolies demeures richement arborées.

>> POUR S'Y RENDRE (50 KM)

Á Toulouse prenez l'A 68 en direction d'Albi puis la sortie 7 et la D 12 en direction de Giroussens. Continuez vers Graulhet. Au rond-point prenez à droite en direction de Lavaur. 2 km plus loin prenez à droite vers Ambres. Garez-vous au bout du village, sous les cèdres.

>> LA BALADE

Descendez le chemin qui prolonge la route vers les platanes. Passez la Vierge et continuez jusqu'à la route (500 m) où l'on tourne à droite. 500 m plus loin à Berthalay, prenez un grand chemin à gauche, à travers champs pour rejoindre les bords de l'Agout. Continuez ainsi entre les champs de pommiers et l'Agout pendant au moins 1,5 km. Rejoignez la route au bout du chemin au lieu-dit les Caussiès.

1 Prenez la route à gauche. 750 m plus loin, elle continue à droite laissant à gauche le chemin de Le Rouch. 300 m plus loin, derrière la haie de thuya du dernier verger, prenez un chemin à gauche. Á la patte d'oie, prenez à droite.

2 Rejoignez Viviers (750 m). Laissez le chemin des Iles à gauche. 250 m plus loin prenez à gauche le chemin goudronné qui monte le long d'un cimetière. Passez devant la chapelle ruinée et la Roudésie.

3 Á la croisée de cinq chemins, prenez le chemin en face qui monte vers Ambres. Tournez à gauche vers le cimetière, puis à droite en direction du village que l'on traverse pour rejoindre le point de départ.

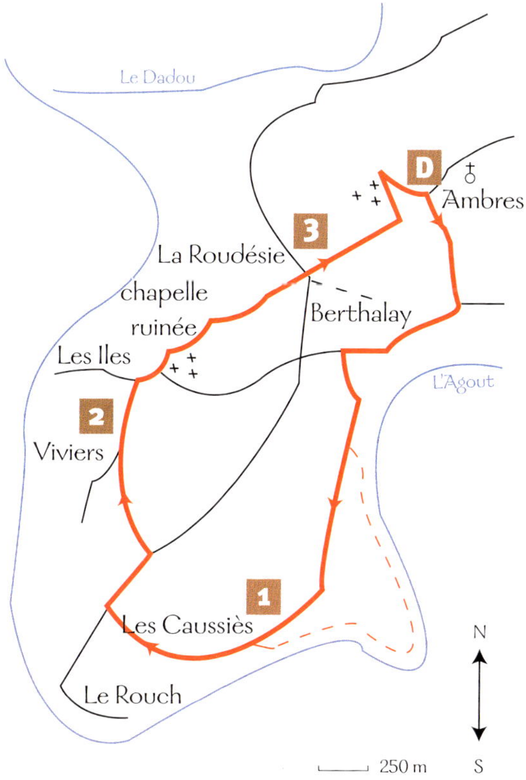

8 km
2 heures
I.G.N. 2143 est
I.G.N. 2243 ouest

Repères G.P.S. :

D **0404600 4842950**

1 **0403625 4840825**

2 **0403025 4841875**

3 **0403900 4842625**

12•Autour de Lugan

HEUREUSEMENT, l'église est fléchée car ce petit clocher-mur dissimulé au milieu des marronniers se laisse approcher sans être vu. C'est un havre de paix et de verdure. On est là au bout du monde, loin de l'agitation de la ville, la décontraction est immédiate. Á nos différents passages, il n'y avait aucune voiture. Un cheval, un chien, un enfant sur un petit vélo, les bruits d'une fin de repas nous laissent penser qu'il doit faire bon vivre à l'écart des grandes routes, blottis à l'abri des arbres.

C'est cet air de quiétude que nous allons respirer pendant quelques heures. Beaucoup de chemins sont goudronnés, mais si peu empruntés que les fleurs poussent au milieu. Faites le crochet jusqu'à l'église Saint-Cirgue. En mauvais état, elle réserve des surprises. Cerisiers et figuiers en fleurs ou en fruits attireront le passant.

» POUR S'Y RENDRE (28 KM)

Á Toulouse, prenez l'autoroute d'Albi, sortez à Saint-Sulpice et prenez à droite par la D 35 pour rejoindre Lugan. Garez-vous près de l'église.

» LA BALADE

Quittez l'église par la route d'accès et continuez tout droit vers l'ouest. 250 m plus loin, traversez le chemin goudronné et continuez tout droit pour rejoindre un large chemin balisé jaune qui descend jusqu' au lieu-dit La Rivière.

1 Á La Rivière, remontez le chemin d'accès, laissez la route qui part à droite et celle qui continue tout droit pour tourner à gauche. Laissez le balisage jaune sur votre droite et continuez ainsi tout droit sur plus de 2 km.

2 Tournez à droite en épingle à cheveux vers l'église de Saint-Cirgue que l'on trouve 500 m plus loin. Continuez sur cette route et remontez à droite vers le Saltre et la Mouline.

3 Á la Mouline, traversez la D 35. Poursuivez par le chemin en face qui continue tout droit. Celui-ci débouche sur une petite route que l'on prend à droite et qui nous ramène tout droit à Lugan et à notre point de départ.

10 km
2 heures 30
I.G.N. 2143 est

Repères G.P.S. :

D 0396675 4843200

1 0397550 4842800

2 0399975 4840550

3 0397625 4841675

13•De Montpitol au lac de Laragou

PETIT village non loin de Verfeil, Montpitol s'est doté d'un joli plan d'eau et d'une base d'aviron. Le lac de Laragou est entouré de vallons et de bois. Ses petites criques et ses massifs d'ajoncs égayent la nature de tâches jaunes. Très calme la plupart du temps, il est de temps en temps le théâtre d'importantes compétitions d'aviron et le spectacle est fort intéressant.

Nous monterons sur les collines entourant le plan d'eau et traverserons une campagne riche d'arbres fruitiers qui fleurissent abondamment au printemps. Le retour se fait par un beau chemin creux qui ramène le long du Laragou puis vers le lac.

» POUR S'Y RENDRE (22 KM)

Á Toulouse, rejoignez Montastruc la Conseillère par la N 88 ou l'A 68. Traversez Montastruc et continuez en direction de Lavaur par la D 30. 5 km plus loin prenez à droite en direction de Montpitol. Garez-vous sur la place face à l'église.

» LA BALADE

Traversez Montpitol en continuant sur la D 22 que l'on descend sur plus de 500 m. Prenez à gauche un chemin qui en 200 m ramène sur une petite route (D 22h) que l'on prend à droite. Descendez ainsi tout droit jusqu'au lac de Laragou. Longez-le à droite puis empruntez à gauche la digue et encore à gauche le chemin qui borde le lac.

1 Prenez à droite le premier chemin goudronné qui remonte et en 250 m nous permet de rejoindre à gauche un grand chemin. Prenez-le, longez les bâtiments d'En-Pinel et remontez son chemin d'accès sur plus de 700 m, jusqu'à la route. Prenez à droite. Traversez Montferran puis la D 22 et continuez sur la D 45.

2 Au carrefour de la D 45 et de la D 70, prenez en face un beau chemin qui part en inclinant à droite. Suivez-le sur plus d' 1,5 km jusqu'à la route que l'on prend à gauche.

3 Passez sur le ruisseau du Laragou et prenez à droite la D 20c qui en 1,6 km ramène au bout du lac. Tournez à gauche pour rejoindre Montpitol.

8 km
2 heures
I.G.N. 2143 est

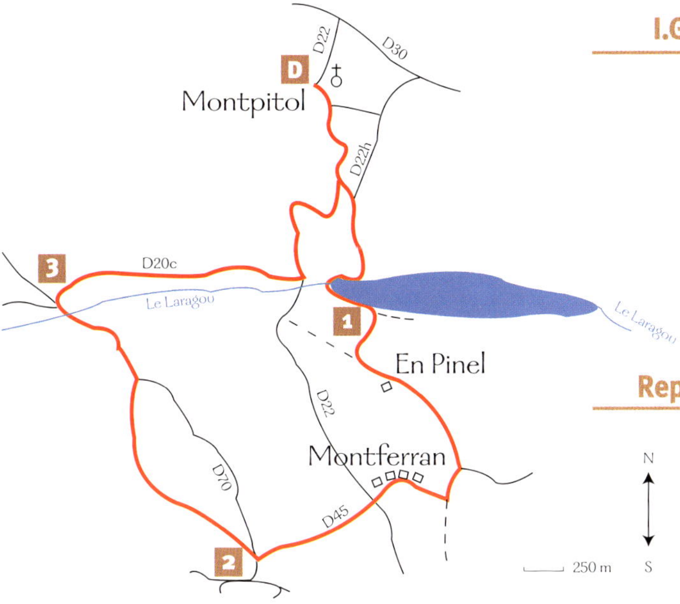

Repères G.P.S. :

D 0391325
4840300

1 0391800
4839000

2 0391050
4837425

3 0389750
4838925

14•De Gragnague à St-Marcel-Paulel

ENTRE la route d'Albi et celle de Lavaur, voici, à un quart d'heure de Toulouse, une balade de pleine campagne facile. Un bois de chênes, une église de briques, un mail de marronniers, un beau moulin sur le Girou, de belles fermes restaurées, tout retient l'attention. Mais si vous passez par là en automne, attardez-vous autour du parc du château de Gragnague. Magnifiquement arboré, le sous-bois est tapissé de cyclamens sauvages, un tableau inoubliable.

En toile de fond, de l'autre côté du Girou, on aperçoit le Château de Riquet.

›› POUR S'Y RENDRE (16 KM)

Á Toulouse prenez l'autoroute d'Albi. Sortez (sortie 2) en direction de Verfeil. Suivez les indications Gragnague. Stationnez sous les marronniers un peu avant l'église.

›› LA BALADE

Traversez la D 32 et prenez la route de Lauzit qui part le long du mail. Prenez le premier chemin à gauche et traversez le lotissement. Au carrefour en T, prenez à gauche et continuez tout droit. Au bout du chemin, prenez à droite, et continuez ce chemin goudronné pendant 2 km.

1 Rejoignez la D 57 et prenez-là à gauche jusqu'à l'église de saint-Marcel-Paulel. Prenez à droite en face de l'église le chemin qui longe la mairie et continuez celui-ci jusqu'au bout (700 m). Sur la D 32, prenez à droite ; 250 m plus loin, prenez le grand chemin herbeux qui part à gauche.

2 500 m plus loin, prenez à gauche sur le chemin goudronné et longez le Girou. 500 m plus loin, prenez la route à gauche et 100 m plus loin un grand chemin à droite. Poursuivez-le sur 2 km.

3 Rejoignez la route et prenez à droite vers Gragnague. Passez devant le château et rejoignez votre point de départ.

10 km
2 heures 40
I.G.N. 2143 est

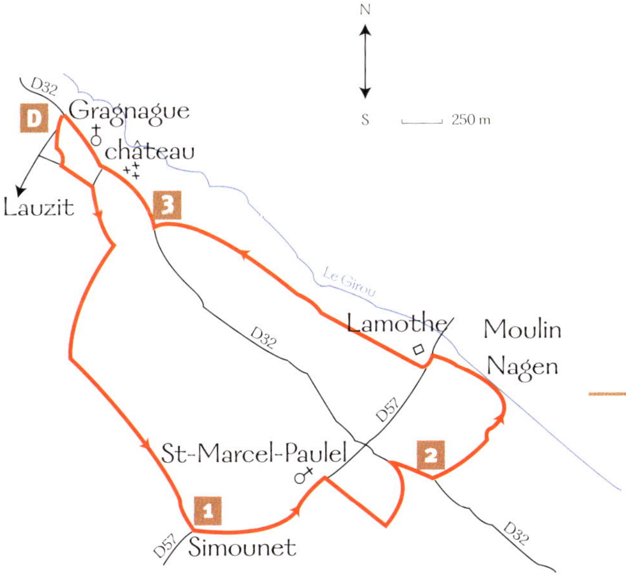

Repères G.P.S. :

D 0384100 4837700

1 0387700 4835175

2 0388375 4835500

3 0386650 4837050

15•De Massac-Seran à St-Germier

LA voie romaine qui allait de Lavaur à Puylaurens domine le pays de Cocagne et peut de nos jours être empruntée sur presque toute sa longueur. Aujourd'hui nous la prendrons au départ de Massac-Séran et la quitterons après un joli pont romain qu'il ne faut pas se contenter de franchir. En descendant le long du Mandou, petit ruisseau qu'il enjambe, on accède facilement à sa base. Vous y admirerez à loisir cette arche de pierre et de terre que des générations successives ont su garder intacte. Au fond, dominant de toute sa hauteur, le Château Magrin à l'ombre de ses cèdres est majestueux.

Le retour se fait par monts et par vaux en traversant le joli village de Saint-Germier. Le parcours est ponctué de demeures harmonieuses et bien entretenues qui sont autant de havres de paix dans ce pays riche où la vue porte loin.

›› POUR S'Y RENDRE (43 KM)

Á Toulouse, rejoignez Lavaur et quittez la ville par la D 112 en direction de Castres. Dans un virage en coude, laissez à droite la D 12 vers Puylaurens et prenez juste après la D 166 vers Massac-Séran. Continuez jusqu'au village et stationnez devant la mairie.

›› LA BALADE

Prenez à l'ouest, au bout de la route, le grand chemin balisé voie romaine sur 5 km soit 1 h 15.

1 Á la *Métairie Neuve* prenez le chemin goudronné qui part à gauche et rejoignez ainsi le Bourjoue. Continuez tout droit sur le chemin carrossable. Passez le pont sur le Mondou puis prenez le premier chemin à gauche qui ramène sur la D 43 que l'on prend à droite sur 350 m.

2 Tournez à gauche vers Saint-Germier. Traversez le village, passez au pied de l'église et continuez sur ce chemin pendant 1,5 km. Á la croisée des chemins, continuez tout droit, N.O.

3 Trois cents mètres plus loin, prenez à gauche en épingle à cheveux et traversez *le Bosc-Lebat* (jolie batisse). Moins d' 1 km plus loin, dans un coude de la route prenez un petit chemin à gauche qui remonte à travers bois jusqu'à la voie romaine. Prenez-la à droite et rejoignez tout droit votre point de départ.

11,5 km
3 heures
I.G.N. 2243 ouest

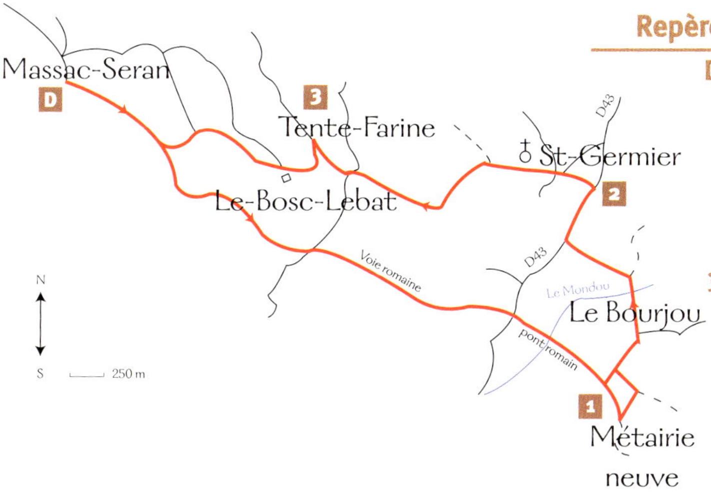

Repères G.P.S. :

D 0408050 4835050

1 0412100 4832750

2 0411875 4834325

3 0409800 4834650

16•Du Château Magrin à Prades

Le château du petit village de Magrin (12ème, 16ème siècles) abrite le seul musée du pastel de France. Un moulin à pastel, un séchoir à cocagnes, une présentation des divers stades de fabrication du bleu et un montage audiovisuel, donnent une idée assez complète de l'intérêt et des vertus de cette plante.

Cette randonnée est haute en couleur puisqu'après le château Magrin, nous découvrirons à La Serre un ancien château-fort en cours de restauration. Puis nous cheminerons sur la voie romaine d'où le panorama à 360° domine toute la région et nous reviendrons par le joli village de Prades.

›› POUR S'Y RENDRE (47 KM)

Prendre la route de Castres N 126 jusqu'à Scopont où elle rejoint la D 42. Continuez en direction de Puylaurens pendant 4kms et tournez à gauche en direction d'Algan sur la D 130. Suivez les indications château Magrin, musée du Pastel.

›› LA BALADE

Descendez le chemin goudronné par lequel on arrive au château sur 150 m. Prenez, à gauche, un chemin au milieu des champs. Rejoignez ainsi le bois et remontez par le même chemin jusqu'au petit château de La Serre. Longez-le bâtiment à droite et rejoignez la voie romaine qui passe devant.

1 Prenez-la à droite pendant 1 km, traversez la route et continuez en face, toujours sur la voie pendant 3 km balisés jaune.

2 Au village d'En-Perier, prenez à gauche en suivant les balises VTT jaune et bleu. Passez En-Garric puis En-Gout et rejoignez la route.

3 Prenez-la à gauche sur presque 1 km et prenez la deuxième à droite. 500 m plus loin, au croisement, prenez à gauche. Passez devant Maison-Neuve puis En-Fallières et En-Assalit.

4 Rejoignez la route de Saint-Paul-Cap-de-Joux, prenez-la à gauche vers le château d'eau. Retrouvez la voie romaine qui traverse la route, prenez-la à droite vers Bolo-Guiraud, Rejoignez La-Serre et tournez à gauche pour rejoindre le château Magrin.

11 km
3 heures
I.G.N. 2243 ouest

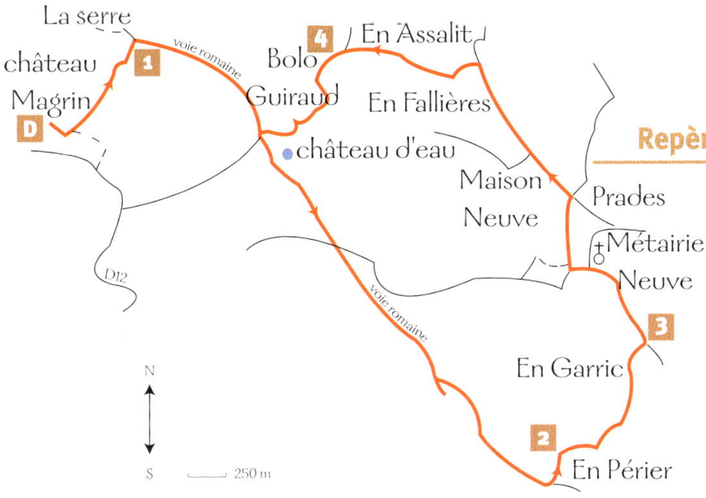

Repères G.P.S. :

D	0413525	4830425
1	0414000	4830925
2	0416875	4828300
3	0416925	4829400
4	0415425	4830800

17•Teulat et le lac de la Balerme

BIEN sûr, il est possible de partir de Verfeil, notamment du cimetière des petites filles modèles chères à la comtesse de Ségur qui a bercé notre enfance. Si celui-ci reste une halte sympathique, nous avons préféré à ce gros bourg et à la proximité de routes très passagères, le tout petit village de Teulat. Quelques jolies demeures, le calme d'une campagne bien entretenue et la proximité du lac de la Balerme nous ont séduits.

Ce lac n'est pas très grand, mais ne vous y fiez pas, le chemin qui en fait le tour en épouse tous les contours sinueux. La végétation est luxuriante. Si près de Toulouse voici un coin de campagne préservé, un havre de paix où vous reviendrez sûrement.

>> POUR S'Y RENDRE (23 KM)

Á Toulouse prenez la D 112 en direction de Verfeil et Lavaur. Á l'entrée de Verfeil, prenez à droite la D 20 vers Castres et Puylaurens pendant 4,5 km. Tournez à gauche sur la D 28 en direction de Teulat et garez-vous non loin de l'église.

>> LA BALADE

Quittez la D 28 et prenez à gauche le long de l'église le chemin goudronné qui descend. Là où il fait un coude à gauche, prenez le chemin à droite indiqué : « Lac de La Balerme ». Montez jusqu'à la digue de retenue d'eau, ne la franchissez pas, prenez à droite le chemin qui contourne le lac.

1 Suivez-le jusqu'au bout du lac où vous rejoignez un chemin goudronné, franchissez la Balerme et continuez sur ce chemin encore 200 m. Reprenez à gauche le bord du lac et continuez le long de celui-ci.

2 Avant de franchir la digue, descendez à droite le long du déversoir et rejoignez en bas le chemin herbeux. Suivez-le. Celui-ci ramène en 600 m au chemin goudronné. Prenez-le à gauche, franchissez la Balerme et rejoignez Teulat par le chemin de départ.

7 km
1 heure 45
I.G.N. 2143 est

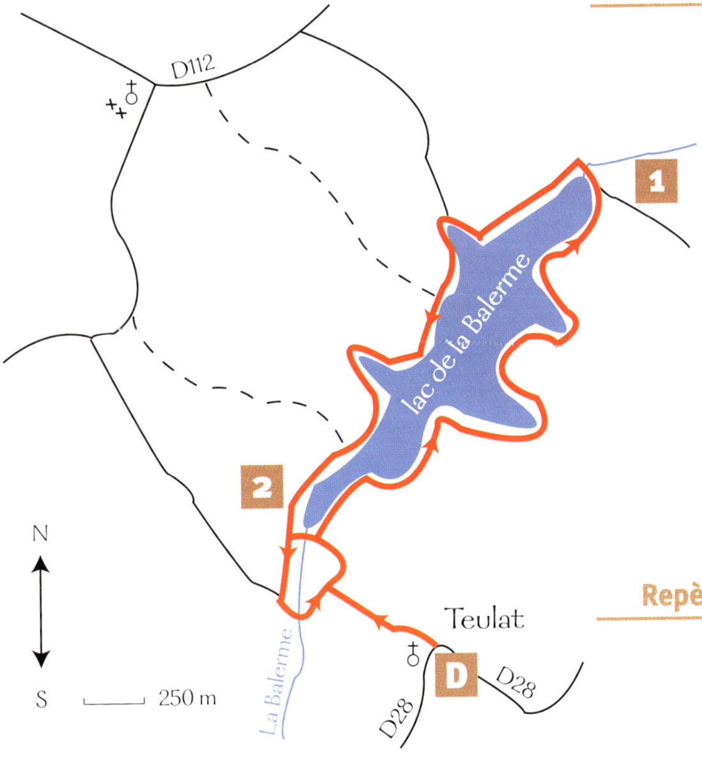

Repères G.P.S. :

D 0394975
4832200

1 0395650
4834100

2 0394425
4832825

18•De Peyrebazal au bassin de St-Ferréol

VOICI une balade qui ne pose aucun problème. Le chemin est large et facile à trouver. Le site de Peyrebazal est tranquille et plein de charme, ce peut être un excellent lieu de pique-nique avant ou après la promenade.

La descente jusqu'à Saint-Ferréol sous les arbres permet de jouir de jolies percées sur le lac.

Le barrage qui est à l'origine de ce plan d'eau a été construit au XVIIe siècle pour alimenter le canal du Midi, oeuvre de Pierre-Paul Riquet. L'eau de la Montagne Noire recueillie dans ce bassin descend jusqu'au seuil de Naurouze, alimentant le Canal de part et d'autre d'une ligne de faîte culminant à 189 m d'altitude.

Ce site, intelligemment exploité, équipé d'une base de loisirs et superbement entretenu constitue un but de promenade dont on ne se lasse jamais.

>> POUR S'Y RENDRE (65 KM)

Rejoignez Revel par la D 2, puis la route des Cammazes (D 629). 4 km après Saint-Ferréol, prenez à droite la route vers Lagarde. Prenez la première à droite puis la deuxième à droite. Au bout du chemin, vous êtes à Peyrebazal.

>> LA BALADE

Prenez le grand chemin qui descend à droite, balisé rouge et blanc. Arrivé au village de l'Hermitage, prenez la route à droite sur 100 m. Tournez à gauche au niveau du petit pont que l'on prend. Rejoignez le sentier à droite pour contourner le lac en l'ayant sur sa gauche.

1 Faîtes le tour du Lac par le grand sentier puis la digue et retour sur l'autre rive (4 km). Rejoignez l'Hermitage et le grand chemin qui remonte à Peyrebazal.

8 km
2 heures
I.G.N. 2244 est

Repères G.P.S. :

D 0422750
4808250

1 0422250
4809800

19•Autour des Cammazes : la forêt de l'Aiguille

NON loin de Revel et du lac Saint-Férréol, c'est un circuit plaisant dans une forêt où les essences sont variées mais où les hêtres dominent. On y trouve aussi des chênes, des frênes et des merisiers. Surplombant le Sor et sa vallée, le chemin suit un moment la grosse canalisation qui transporte l'eau du lac des Cammazes jusqu'à l'usine de traitement de Picotalin. La vue est dégagée sur la vallée de Durfort et le Lauragais.

Sur notre chemin, nous croisons des « marmites », sortes de chaudrons énormes qui servaient à la fabrication de charbon de bois approvisionnant ainsi les forges, les fours des verriers et les besoins domestiques des environs.

Ne manquez pas non plus un hêtre bicentenaire qui trône royalement au milieu de la forêt.

Ainsi les centres d'intérêts ne manquent pas, la balade est un peu sportive et sans doute à éviter si le sol est trop détrempé.

» POUR S'Y RENDRE (60 KM)

Á Toulouse, rejoignez Revel par la D 2 puis Saint-Férreol par la D 629. Continuez cette départementale jusqu'aux Cammazes. Garez-vous sur la place de l'église.

» LA BALADE

Prenez le chemin, à gauche de l'église, qui part le long du cimetière et rejoint la forêt.

1 Á la fourche des chemins, prenez le chemin de droite et 800 m plus loin prenez le sentier balisé jaune qui descend à droite dans la forêt jusqu'au chemin de la conduite d'eau.

2 Prenez celui-ci à gauche. 50 m après le point de vue et le virage en coude à gauche, prenez encore à gauche un sentier qui monte raide à travers bois. Sur le plateau, continuez tout droit et au second carrefour continuez à gauche (toujours balisé jaune). Passez devant le hêtre bicentenaire et continuez tout droit jusqu'aux « marmites ».

3 Juste avant les « marmites », prenez un sentier à droite qui descend à travers bois jusqu'à une grande piste.

4 Abandonnez tout balisage. Prenez la piste à gauche pour rejoindre le chemin de départ en 1. Reprenez à droite le chemin jusqu'aux Cammazes.

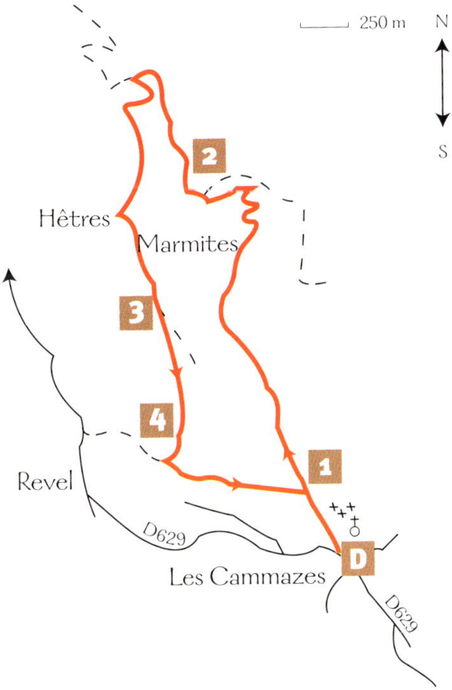

8 km
2 heures 15
I.G.N. 2244 est

Repères G.P.S. :

D 0425425
4807300

1 0425225
4807525

2 0424800
4809125

3 0424800
4808100

4 0424475
4807750

20•Verdun-en-Lauragais : Un village de charme

VOICI un village qui aurait pu être classé, puis être accaparé par quelques marchands de souvenirs, cité dans tous les guides touristiques. Il aurait fallu alors abîmer la campagne environnante pour construire un parking susceptible d'accueillir les visiteurs... On pourrait ainsi continuer le mauvais rêve à la lumière de ce qui s'est passé sur différents sites de ce style.

Mais, rassurez-vous, ici vous ne serez gêné par personne. Les quelques centaines d'habitants seront heureux de vous rencontrer et de faciliter votre visite s'ils le peuvent.

Nous quitterons le village par le fond du vallon le long du Tenten puis remonterons derrière le cimetière pour rejoindre les crêtes d'où la vue porte jusqu'aux montagnes. Par temps clair, en hiver le paysage est fantastique. De grands chemins à travers des bois de chênes, de pins et de sapins nous amènerons jusqu'à une carrière d'argile rouge, la briqueterie n'est pas loin. Puis nous traverserons un beau bois d'eucalyptus et rejoindrons ainsi la crête pour descendre tout doucement vers le vallon de départ qui nous ramènera à Verdun. Sur cette partie de la promenade le village apparaît dans toute sa splendeur au-dessus du vallon et de la forêt.

>> POUR S'Y RENDRE (70 KM)

Á Toulouse, rejoignez Castelnaudary par l'A 61 ou par la N 113 et suivez les indications Saint-Papoul. Traversez Saint-Papoul et continuez sur la route de Saissac. 3 km plus loin prenez à gauche en direction de Verdun-en-Lauragais. Garez-vous à l'entrée du village à côté du lavoir.

>> LA BALADE

Entrez dans le village et rejoignez l'église ; prenez à gauche en passant sous le porche. Traversez la rue et descendez l'escalier qui part à droite de la petite place en face. Rejoignez la rue en-dessous, traversez-la et prenez à droite, en descendant, le chemin qui part dans le vallon. 500 m plus loin, remontez à droite du cimetière et continuez pendant plus d'un kilomètre sur ce chemin balisé jusqu'à la route.

1 Prenez à droite sur la route pendant 30 m et tournez à gauche sur le chemin fléché Saint Papoul. 1,5 km plus loin, laissez le chemin balisé partir à droite et continuez tout droit sur 1 km une courbe à gauche qui rejoint l'entrée d'une carrière.

2 Remontez à gauche le long de la carrière que l'on contourne. 1km plus loin, le GR (balises rouges et blanches) coupe la route. Prenez-le à gauche, le long du bois d'eucalyptus. 1 km plus loin, prenez la route à gauche sur 25 m et prenez à droite le chemin du départ en 1 qui rejoint Verdun en Lauragais. Suivez les balises jusqu'à Verdun.

6 km
1 heure 30
I.G.N. 2245 est

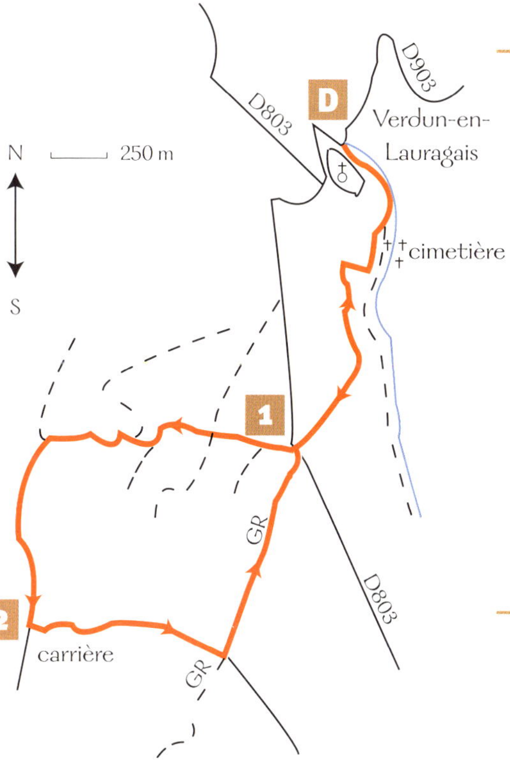

Repères G.P.S. :

D 0423900 4802125

1 0423925 4800800

2 0422425 4800050

21•Du château de St-Paulet à celui de Montmaur

A SAINT-PAULET, on ne voit que le château imposant et dominateur. Les quelques maisons qui bordent la rue s'inscrivent dans la pente avec discrétion. L'église elle-même est blottie en bas du village et à l'ombre du seigneur tout puissant désireux de dominer, protéger et sans doute asservir le monde autour de lui.

Du château la vue porte très loin. On imagine bien l'intérêt de ce promontoire à une époque où l'on craignait par-dessus tout d'être pris par surprise. Aujourd'hui, en toute quiétude, on profite de la vue sur la Montagne Noire toute proche et sur les Pyrénées qui, selon les jours, se perdent dans la brume ou s'inscrivent nettement sur un ciel dégagé.

Après un parcours en chemin de crête qui nous conduira au pied du château de Montmaur (voir rando suivante) nous rentrerons en longeant la rigole du Canal du Midi aux rives verdoyantes et ombragées.

›› POUR S'Y RENDRE (50 KM)

Á Toulouse, prenez l'A 61 ou la N 113 pour rejoindre Villefranche-de-Lauragais. Continuez sur la N 113 vers Castelnaudary. Juste avant Avignonet, prenez à gauche la D 43 en direction de Les Casses. Á l'entrée de Les Casses prenez à droite la D 113 jusqu'à Saint-Paulet. Stationnez en bas du village, près de l'église.

›› LA BALADE

Remontez vers l'ouest la rue qui traverse le village, passe au pied du château et se dirige vers un ancien Moulin (chemin de Ronde).

1 En haut, prenez à gauche le large chemin qui passe près du moulin. 250 m plus loin, à la croisée des chemins, prenez à gauche le chemin vers le sud. Continuez ainsi tout droit pendant 2 km. Devant le puits, le chemin incline à droite pour rejoindre en 750 m une petite route que l'on prend à gauche, derrière les restes de moulins.

2 Prenez encore à gauche pour contourner des constructions et repartir plein est. En 500 m, on rejoint la D 58 que l'on prend à gauche. Laissez le chemin vicinal qui ramène à Saint-Paulet et descendez jusqu'à la rigole 300 m plus bas.

3 Prenez le long de la rigole à gauche sur plus de 2 km. Traversez la D 113 pour continuer en face le long de la rigole et quittez-la 1 km plus loin au lieu-dit La Bomba. Prenez à gauche et en 600 m rejoignez le village de Saint-Paulet.

9 km
2 heures 15
I.G.N. 2244 ouest

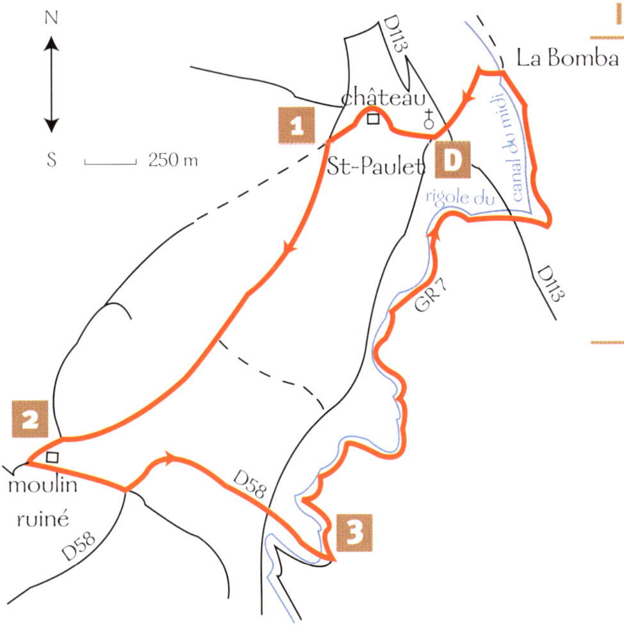

Repères G.P.S. :

D 0409200 4806800

1 0408800 4806875

2 0407200 4805325

3 0408650 4804875

22•Montmaur et la rigole du Canal du Midi

MONTMAUR est le village natal du Diacre Raymond Mercier. En 1211, Simon de Montfort occupe le château. Seules témoignent de cette époque les stèles discoïdales ou « croix cathares » qui se trouvent au chevet de l'église. Le château actuel est une grosse bâtisse des XVIe et XVIIe siècles dont les caves sont encore utilisées aujourd'hui. Une statue en pierre de la Vierge surmonte la porte et l'église est de la même époque que le château.

Nous quitterons le village par un chemin de crête duquel on voit les Pyrénées. Puis, c'est une promenade facile le long de la rigole du Canal du Midi, la végétation est luxuriante, l'eau descend paisiblement de la Montagne Noire, les sapins vigoureux et altiers vous offrent leur fraîcheur, un joli pont de brique enjambe la rigole.

Au retour, on aperçoit de loin le château massif et imposant sur son promontoire. Il domine la situation. Nous ne le prendrons pas de front mais nous le contournerons pour mieux l'admirer et profiter de la belle remontée vers le village.

» POUR S'Y RENDRE (45 KM)

Á Toulouse, prenez l'autoroute A 61 jusqu'à Villefranche-de-Lauragais. Prenez la N 113 en direction de Carcassonne. 5 km avant Avignonet prenez à gauche en direction de Montmaur la D 43. 7 km plus loin prenez à droite vers Montmaur. Garez-vous après le château, sur la place, près des mûriers.

» LA BALADE

Prenez la D 1 vers le sud-est en direction d'Airoux pendant 400 m. Tournez à droite vers le cimetière et continuez sur le grand chemin herbeux qui monte à gauche. Un peu plus loin, laissez un chemin à droite et rejoignez la route. Prenez-la à droite (balisage jaune et rouge du Tour du Lauragais). 1 km plus loin, au village « les Pages », prenez à gauche en direction d'Airoux.

1 Neuf cents mètres plus loin, passez sur le pont de la rigole et prenez à gauche le chemin qui la longe (GR 7) balisé en rouge et blanc. Continuez sur presque 5 km, coupez deux routes.

2 Á la troisième route (D 58) tournez à gauche et remontez la côte sur 1 km. Après un coude, prenez à droite.

3 Á la bifurcation suivante continuez en face. La route s'incline à gauche, puis continue tout droit au pied du château. Dépassez le château et prenez à gauche un chemin balisé et fléché qui remonte, après un coude à droite puis à gauche en bas du village. Remontez à gauche la rue principale du village. On rejoint ainsi le château et la place.

9 km
2 heures 15
I.G.N. 2244 ouest
I.G.N. 2245 ouest

Repères G.P.S. :

D 0406550 4805275

1 0407350 4803175

2 0408650 4804875

3 0407650 4805125

23• Du seuil de Naurouze à Montferrand

Ce site ne manque pas d'intérêts. Le plus connu, sans doute, est celui du Partage des eaux, oeuvre de Pierre-Paul Riquet. En effet, autour de 1660, celui-ci constate que les eaux de la fontaine de la Grave se répartissent spontanément en deux ruisseaux qui coulent l'un vers l'est, l'autre vers l'ouest. Il a alors l'idée d'amener à ce point stratégique les eaux de la Montagne Noire par une rigole pour réaliser et alimenter un Canal Royal reliant la Méditerranée à l'Océan.

Le seuil de Naurouze magnifiquement arboré et entretenu est en lui-même un lieu de promenade de charme, en toute saison. Nous la prolongerons le long de la rigole qui part vers la Montagne Noire. Le circuit est facile et ombragé. Puis en passant devant le château de Touzeilles, nous rejoindrons le village de Montferrand.

C'est un ancien site cathare. Outre la chapelle romane, la porte fortifiée, le télégraphe de Chappe qui font de ce village un vrai musée, vous trouverez une table panoramique. Du Canigou au Pic d'Estats en passant par le Carlit et la Cabanette, vous découvrirez les Pyrénées.

» POUR S'Y RENDRE (40 KM)

Á Toulouse, rejoignez Villefranche de Lauragais par l'A 61 ou la N 113. Continuez sur la N 113 vers Castelnaudary. 5 km après Avignonet prenez à droite vers le seuil de Naurouze, obélisque de Riquet. Garez-vous sur le parking.

» LA BALADE

Passez le pont sur la rigole et prenez à gauche le chemin qui la longe. Traversez la N 113 et rejoignez en face la rigole. 1 km plus loin, coupez un chemin goudronné et continuez le long de la rigole.

1 600 m plus loin, sur la route, prenez à gauche. 650 m plus loin, prenez à droite vers le château de Touzeilles. Passez devant celui-ci et prenez à gauche une belle allée de marronniers pour rejoindre une petite route. Prenez-la à gauche. Arrivé sur la D 218, prenez à gauche sur 50 m et montez à droite à la mairie de Montferrand.

2 Passez devant la mairie et continuez en contournant le village. Revenez vers l'église romane, la porte fortifiée, le télégraphe et la table panoramique. Descendez à droite un chemin vers le cimetière et sa chapelle.

3 Tournez à gauche pour rejoindre la D 218. Prenez-la à droite sur 250 m. Tournez encore à droite et traversez la N 113. Continuez tout droit jusqu'à l'écluse de l'Océan. Prenez à gauche avant de traverser le canal. Suivez les pancartes indiquant « Partage des Eaux », jusqu'à ce site. Revenez sur vos pas puis tournez à droite pour rejoindre le parking.

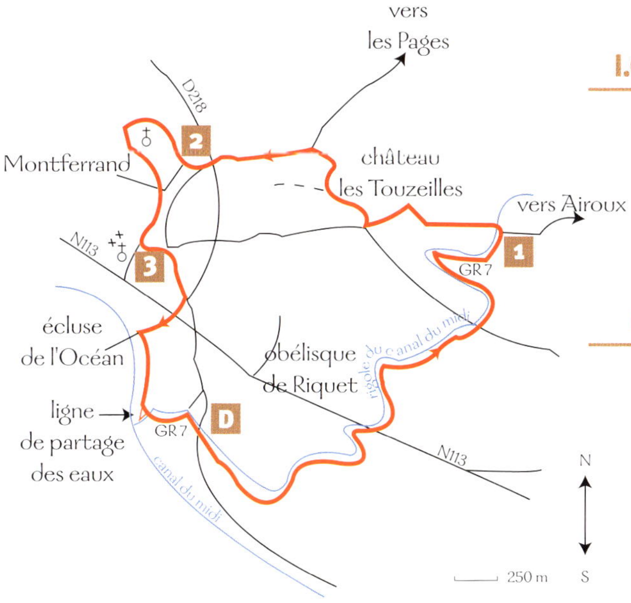

8 km
2 heures
I.G.N. 2245 ouest

Repères G.P.S. :

D 0404750 4800825

1 0406500 4801900

2 0404600 4802250

3 0404375 4801700

24•Vallègue et son plan d'eau

VILLEFRANCHE de Lauragais, fondée par Alphonse de Poitiers en 1270, a longtemps été supplantée par Avignonet. Mais, au XVIe siècle, Villefranche connaît un essor étonnant et va dorénavant dominer la région.

La halle centrale, les passages couverts, la place de la Pradelle et les maisons à tourelles valent le détour. Notre balade partira de Vallègue, à 5 km de là. Dès le départ, admirez le point de vue : un joli plan d'eau avec une petite île, les ajoncs et les bois et, au loin, les Pyrénées en toile de fond.

Ainsi, nous irons d'un chemin à l'autre, du lac aux crêtes, à travers une campagne typique du Lauragais souvent balayée par le vent. Un seul point délicat doit être noté, la traversée de la D 622, très courte mais très passagère.

>> POUR S'Y RENDRE (31 KM)

Á Toulouse, prenez l'autoroute des Deux Mers (A 61), jusqu'à Villefranche-de-Lauragais. Rejoignez le centre ville et tournez à gauche sur la D 622 en direction de Vallègue. Garez-vous entre l'église et la cour de l'école.

>> LA BALADE

Contournez le cimetière et prenez une petite route qui descend directement au bord du lac.

1 Devant le plan d'eau prenez à gauche le chemin qui le longe et le contourne. Au bout du lac, prenez le petit pont et revenez sur l'autre rive. Prenez à gauche le premier grand chemin herbeux qui remonte à perte de vue. Suivez-le sur plus d'1 km. Au carrefour prenez à droite pour revenir encore à droite en épingle à cheveux sur la route qui rejoint les silos de Font Vieille.

2 Après les silos prenez à gauche un chemin qui descend vers le ruisseau puis le longe sur 1 km. Prenez à gauche le premier grand chemin herbeux qui remonte en vue des maisons d'En-Dax. Tournez à droite pour rentrer dans le village puis à gauche dans celui-ci. Après un coude à droite, prenez à gauche un passage qui permet de rejoindre la route D 72c. Prenez-la à gauche sur 250 m. Prenez le premier chemin à droite qui remonte jusqu'à un chemin de crête.

3 Laissez à gauche la tour du télégraphe en ruine et tournez à droite. En 1 km on rejoint la D 622 que l'on traverse (passage dangereux). 50 m plus loin rejoignez la première route à droite. 600 m plus loin, prenez à droite à angle droit vers les maisons de Villotte. On quitte le goudron et on retrouve un large chemin de terre.

4 600 m plus loin on rejoint un chemin goudronné que l'on prend à gauche vers La Bosque. Juste avant la première maison, prenez à droite un chemin qui, après un coude à gauche, continue tout droit. 150 m avant le village des Barraux, inclinez à gauche et rejoignez en une large courbe inclinant à droite La Vignasse puis la D 25f. Prenez-la à droite, traversez la D 622 et prenez le chemin en face. Tournez à gauche pour rejoindre le haut du village puis à droite vers l'église.

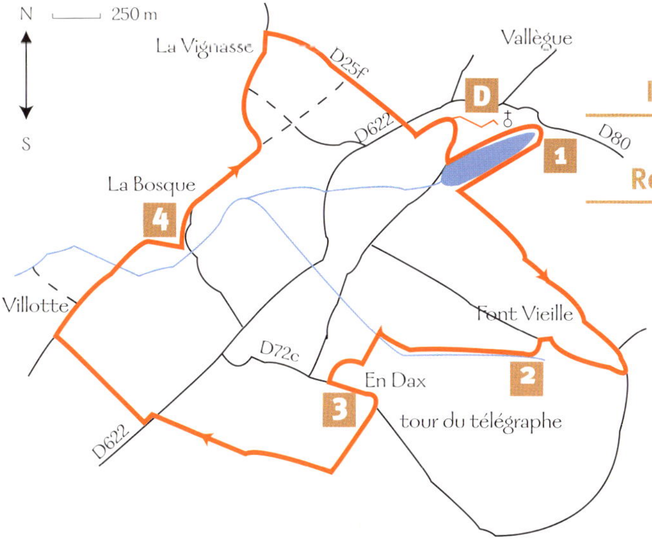

9,5 km
2 heures 30
I.G.N. 2144 est

Repères G.P.S. :

D 0399200 4809250

1 0399000 4808550

2 0399575 4807450

3 0398450 4806950

4 0397575 4808050

25•Les Varennes

VOICI une balade familiale tout près de Toulouse que vous pourrez faire à pieds, à deux, trois ou quatre roues sans problème. Seuls les rollers ne passeront pas car, si les chemins sont larges et entretenus, ils ne sont pas tous goudronnés. C'est, sans doute, la promenade la plus courte et la plus facile. Impossible de se perdre : une fois à gauche puis toujours à droite et on retrouve, sans hésiter, le point de départ.

Varennes est un tout petit village mais la plupart des maisons y sont typiques de la région : roses, coquettes et harmonieuses. Le petit clocher-mur de l'église avec toutes ses cloches apparentes ravive son style « bien de chez nous ».

La promenade ne manque pas d'intérêts. Après une descente presque plongée sur le Visenc, on longe le ruisseau pendant 2 km par un si beau chemin qu'on se demande si on ne va pas tout droit chez un particulier un peu seigneurial. Mais non, n'hésitez pas et profitez-en. Entre bois et labour, ce faux plat montant vous mène en douceur vers les hauteurs. Á l'arrivée profitez de la vue sur les Pyrénées et du chemin de crête jusqu'au château d'eau qui culmine à 272 m. Là, la perspective est unique et son charme varie avec les saisons et le temps.

>> POUR S'Y RENDRE (25 KM)

Á Toulouse, prenez la D 2, route de Revel. 2 km après Labastide-Beauvoir, prenez à droite en direction des Varennes. Garez-vous sur la route le long de l'église.

>> LA BALADE

Prenez la D 79b vers Trébons qui passe au pied d'une statue de la vierge. 500 m plus bas, prenez à gauche un large chemin le long du Visenc. Poursuivez-le pendant 2 km, jusqu'à la route.

1 Sur la route prenez à droite et continuez toujours tout droit jusqu'au château d'eau.

2 Au pied du château d'eau, tournez encore à droite, passez à nouveau sur le Visenc et continuez tout droit jusqu'à votre point de départ.

5,5 km
1 heure 30
I.G.N. 2144 est

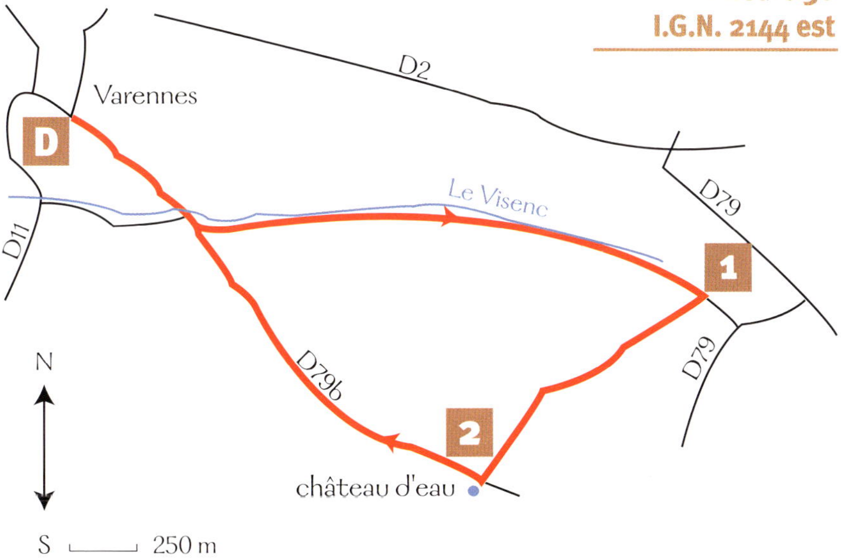

Repères G.P.S. :

D 0394200
4814675

1 0396650
4813875

2 0395750
4813275

26•Baziège et la chapelle Ste-Colombe

BAZIÈGE est un gros village qui ne manque pas d'intérêt. La « Sainte-Pierre » que l'on peut voir à l'église est une borne milliaire rappelant que ce fut une station romaine sur la *Via tolosana*. L'église, le château Lastours et les rues de briques rouges valent aussi le détour.

Exceptionnellement la balade partira de la gare et non du centre du village. Au départ nous longerons un parc clôturé et si vous entendez un galop vous ne verrez pas arriver un cheval mais une ou plusieurs autruches. Dans ce parc exotique vous apercevrez aussi des flamands roses, des lamas et bien d'autres animaux venus de contrées lointaines. Puis au loin, se profileront la chapelle Sainte-Colombe et son cimetière. Un joli pont de briques, un calvaire, un beau domaine rappellent que la main de l'homme est toujours présente dans cette campagne où les prés et les champs parfaitement entretenus, occupent un maximum d'espace.

» POUR S'Y RENDRE (22 KM)

Á Toulouse prenez soit la D 16 par Labège, soit la N 113 par Castanet et Montgiscard jusqu'à Baziège. Traversez le village entièrement et garez-vous à la sortie à droite sur le parking de la gare SNCF.

» LA BALADE

Par le chemin, le long des voies, parallèle à la D 16 partez en direction des silos. Parvenu à leur hauteur, traversez la D 16 et empruntez le « chemin de Montesserre ». En haut de la côte, laissez le moulin à gauche et continuez tout droit par un chemin herbeux qui longe un parc clôturé. Prenez à droite le chemin qui descend le long de la clôture du parc vers le Visenc. Ne franchissez pas le ruisseau. Suivez le chemin qui le longe sur 2,8 km.

1 Au bout du chemin prenez le chemin goudronné à droite puis à gauche jusqu'à Birobet. Continuez tout droit par le chemin herbeux, passez devant la jolie maison d' En-Purée, continuez sur le chemin qui descend et incline à droite.

2 En bas, traversez le ruisseau de Sainte-Colombe et prenez le chemin, en face, qui remonte vers La Peyrelle. On coupe une route. Continuez en face (calvaire). On croise à nouveau un chemin goudronné, continuez tout droit et virez à droite dans une petite descente. Contournez le domaine de Limoges par la gauche. Prenez à gauche sur sa route d'accès et rejoignez la route que l'on emprunte à droite jusqu'à la gare.

9 km
2 heures 15
I.G.N. 2144 est

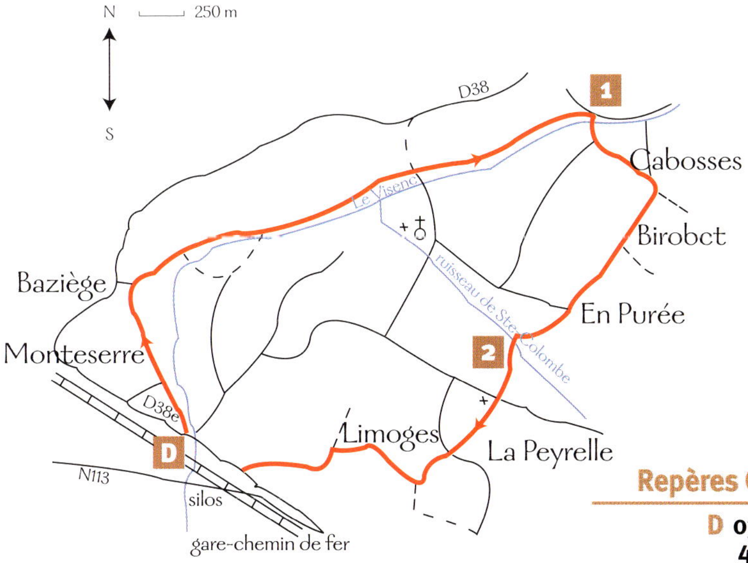

Repères G.P.S. :

D 0388750
4812125

1 0391000
4813850

2 0390600
4812700

27•Montlaur et ses châteaux

C'EST avec discrétion que nous quitterons le village en empruntant un chemin qui part derrière le cimetière. Le passage est bordé d'arbres et d'arbustes répertoriés et fichés par les enfants de l'école. Beaucoup de renseignements et un joli travail informent le passant. Le château de Montlaur qui reçut la visite de Catherine de Medicis a visiblement connu de belles heures. Il faut s'attarder autour de celui-ci pour en découvrir l'immensité.

Nous contournerons à l'extrémité de notre boucle le château de la Terrasse. L'un et l'autre dominent la crête, laissant le regard découvrir au loin jusqu'aux Pyrénées par temps clair.

›› POUR S'Y RENDRE (20 KM)

Á Toulouse rejoignez par Labège la D 16 en direction de Baziège. 4 km après Escalquens, à Montlaur, prenez à gauche en direction du centre-ville. Rejoignez l'église et garez-vous entre le cimetière et le terrain de boules.

›› LA BALADE

Quittez la place de l'église en longeant sur votre droite le cimetière. Continuez jusqu'au tournant et prenez à gauche le chemin de l'Autan sur 300 m. Il débouche au village de Naugé où l'on tourne à gauche. 100 m plus bas prenez à droite le chemin qui mène au château et continuez à gauche du réservoir d'eau. 300 m plus bas, prenez à droite un chemin herbeux qui devient un chemin creux et en 750 m nous amène au village de Maravals.

1 Traversez la D 31 et continuez tout droit pendant plus d'1 km. Au bout du chemin, prenez à droite sur 100 m, puis à gauche. Rejoignez Fourtanier puis la D 95 que l'on prend à gauche sur 700 m.

2 Contournez le château de la Terrasse. La route fait une patte d'oie avec une impasse qui part à droite vers Laylaire. Prenez-la. Moins d'1 km plus loin, prenez à gauche, en épingle à cheveux, le chemin qui rejoint Saint-Martin.

3 Á Saint-Martin, remontez à gauche pour rejoindre la D 95 que l'on prend à droite sur plus d'1 km. Traversez à nouveau la D 31 et 500 m plus loin, tournez à gauche sur un grand chemin empierré qui remonte vers le château de Montlaur où vous retrouverez le chemin du départ pour rejoindre le village.

8,5 km
2 heures 10
I.G.N. 2144 ouest

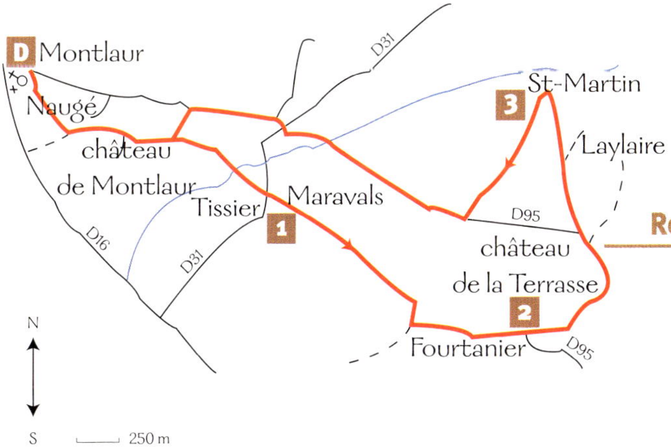

Repères G.P.S. :

D 0384725 4816150

1 0385950 4815475

2 0388100 4814450

3 0387300 4815275

28•Sur les crêtes de Molleville

A L'OUEST de Castelnaudary, entre d'une part Baraigne et Saint-Michel-de-Lanes connus pour leurs stèles discoïdales « cathares » et d'autre part le village de Mas-Saintes-Puelles, ancien diaconé cathare détruit par Louis VIII, le site de Molleville domine de ses 290 m la région. Principaux vestiges du passé, une belle église du XVe siècle et un imposant château du XVIIIe témoignent de la vie de ce village autrefois.

Le site à lui seul vaut le détour. A l'ouest, la retenue de l'Estrade attire le regard. Au nord, la Montagne Noire est toute proche, au sud, les Pyrénées sont presque toujours visibles et à l'est, on devine déjà les Corbières.

Nous cheminerons d'une crête à l'autre par de beaux chemins larges d'où nous jouirons d'une vue imprenable.

>> POUR S'Y RENDRE (65 KM)

Á Toulouse, prenez l'autoroute A 6 jusqu'à Castelnaudary. Suivez les indications Mazères et aérodrome jusqu'à la D 624. Coupez-la et prenez la D 33 vers Mas-Saintes-Puelles puis Molleville. Stationnez entre le château, l'église et le cimetière.

>> LA BALADE

Descendez le long du parc du château un chemin goudronné en pente raide qui rejoint la D 33. Sur la route faire 10 m à gauche et prendre le chemin à droite. Poursuivez sur ce chemin en montant toujours jusqu'à la crête. En haut, rejoignez le chemin de crête et prenez-le à droite ; 900 m plus loin, on rejoint la route face au lieu-dit Bigorre.

1 Traversez la route, prenez le chemin de Bigorre, puis le premier chemin qui monte à gauche. Poursuivez celui-ci sur presque 2 km, en vue de la tour de télécommunication.

2 Sur la route goudronnée prenez à droite et tournez sur le premier grand chemin de crête à droite. Continuez tout droit pendant 3 km jusqu'au cimetière de Molleville.

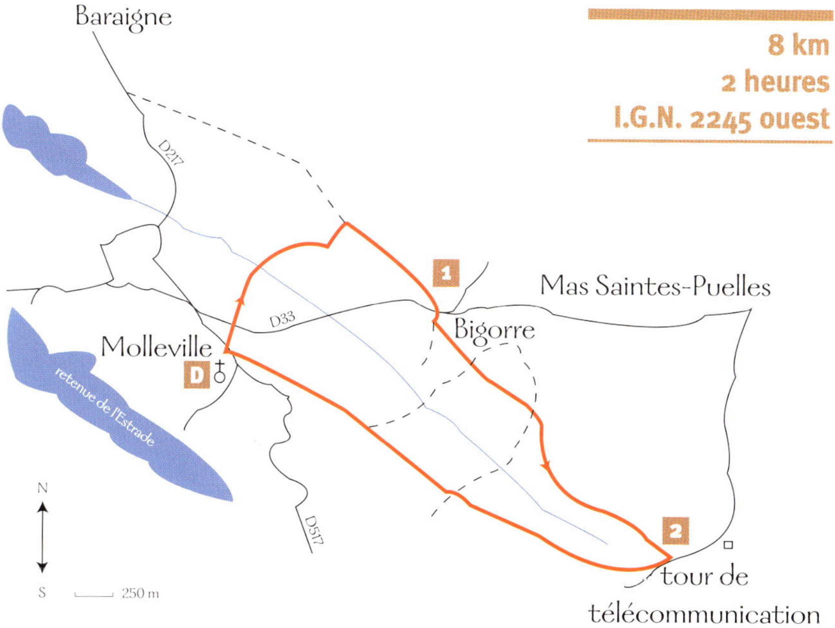

8 km
2 heures
I.G.N. 2245 ouest

Repères G.P.S. :

D 0405800 4796300

1 0407125 4796550

2 0408700 4795050

29•De Caignac à Marquein à travers le Lauragais

VOICI deux villages bien différents, l'un est resserré de part et d'autre de la route qui la traverse. L'autre est regroupé autour d'une place large et ensoleillée. Mais, tous les deux ont le charme du Lauragais, plantés sur la hauteur, ils dominent les monts et les vaux qui s'étendent à perte de vue jusqu'aux Pyrénées. Le vent peut souffler très fort, les cultures en frissonnent souvent. Les descentes sont rapides et les montées sont rudes mais le chemin est large et facile.

>> POUR S'Y RENDRE (35 KM)

Á Toulouse rejoignez Villefranche-de-Lauragais par l'A 61 ou la N 113. Rejoignez Gardouch où vous prenez à gauche en direction de Nailloux. 2 km plus loin, prenez encore à gauche la D 16 vers Mazères. 8 km plus loin prenez à gauche la D 43g vers Caignac et garez-vous près de l'église sur la petite place.

>> LA BALADE

Continuez sur la D 43g jusqu'à Marqueim.

1 Passez devant l'église et descendez toujours à droite jusqu'à la D 15. Prenez-la à gauche sur 50 m et continuez en face. Passez le pont sur le ruisseau du château et prenez encore à droite la D 16d. Passez sur la Gardijol et continuez ainsi pendant 2 km.

2 Peu après les maisons de Plaisance, prenez un chemin à droite vers Jean Rey. Juste avant les maisons de Pérail, prenez le chemin herbeux qui continue tout droit et en 1,2 km ramène à la D 91b qui longe le Gardijol.

3 Prenez la D 91b à gauche sur 1,2 km et avant le pont, tournez à droite pour prendre la côte qui ramène à Caignac.

9 km
2 heures 15
I.G.N. 2145 est

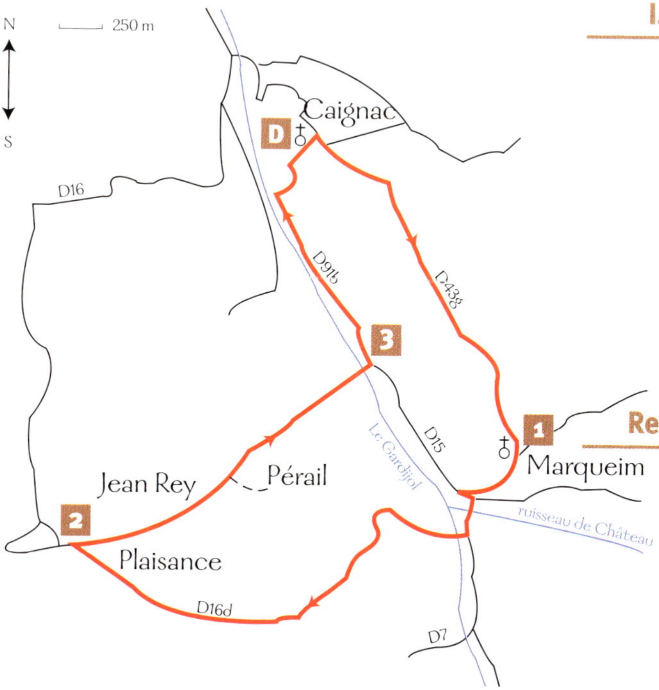

Repères G.P.S. :

D 0395750 4797625

1 0396875 4795875

2 0394300 4795325

3 0396075 4796375

30•De la place Del Serié au vallon Notre-Dame

C'EST sans doute une des rares fois où notre balade ne partira pas d'un village. En effet c'est un lieu-dit qui sera notre point de départ. Quelques jolies maisons, un lotissement et un arrêt de bus autour d'un carrefour constituent le cadre de notre lieu de rendez-vous. Ce site n'a rien d'extraordinaire mais notre promenade aurait été bien longue s'il avait fallu rejoindre un clocher.

La balade d'aujourd'hui réserve d'heureuses surprises. Tout d'abord elle est très variée. Nous nous promènerons sur de larges chemins, mais aussi sur un sentier sinueux qui se faufile le long d'un ruisseau. Sur les crêtes la vue est lointaine et étendue. Dans le vallon nous cheminerons dans un sous-bois frais et humide. Sur notre route nous longerons aussi un oratoire dédié à Notre-Dame : c'est un havre de paix toujours magnifiquement fleuri et entretenu. Tout est réuni pour une délicieuse découverte du pays.

>> POUR S'Y RENDRE (17 KM)

Á Toulouse rejoignez Lacroix-Falgarde par la D 4. Prenez à gauche la D 68 vers Goyrans et continuez sur celle-ci vers Espanès. La D 68 rejoint la D 35 qui va vers Venerque à droite. Prenez-la sur 100 m et garez-vous à gauche dans l'impasse, près de l'abribus.

>> LA BALADE

Rejoignez le carrefour Del Serié et continuez sur la D 35 vers Venerque sur 500 m. Prenez le chemin à gauche face au lieu-dit Ramonville. 1,2 km plus loin on traverse la D 68. Cent cinquante mètres plus loin laissez à droite le chemin qui mène au château d'eau (sauf si vous souhaitez raccourcir la promenade de 2 km).

1 Prenez le chemin suivant, à droite, balisé jaune et fléché vers Coronsac. Suivez-le sur 1 km. Tournez à droite avant de retrouver le goudron et suivez le chemin qui sinue à travers champs jusqu'à une petite route qui longe le ruisseau de Bartevidal. Prenez-la à droite. 300 m plus loin laissez en face le chemin qui continue vers Coronsac et remontez à droite. Continuez ainsi tout droit pendant presque 2 km. Traversez la D 35 et continuez tout droit sur la D 94 pendant 500 m.

2 Prenez le premier chemin à droite indiquant Notre-Dame. Après un coude on longe un oratoire. Tournez à droite derrière pour rejoindre le sentier qui longe le ruisseau Notre-Dame. En plus d'1 km on rejoint ainsi la D 35 que l'on traverse pour rejoindre à droite, 30 m plus haut le sentier qui continue à longer le ruisseau.

3 650 m plus loin on laisse ce sentier pour tourner à droite dans le vallon de Breguet. Á la sortie du vallon, obliquez à droite. Le sentier rejoint une maison. Remontez son chemin d'accès jusqu'à la D 68e. Prenez-la à droite. 500 m plus loin, prenez à droite pour traverser un village et rejoignez tout droit la place Del Serié.

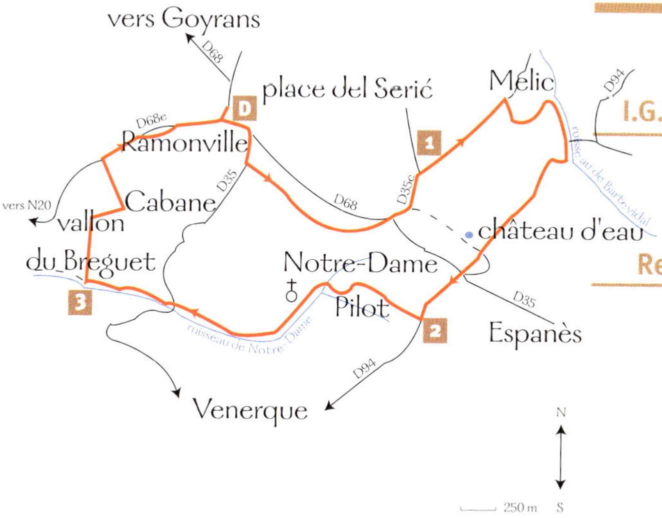

10 km
2 heures 30
I.G.N. 2144 ouest

Repères G.P.S. :

D 0374825 4814075

1 0376150 4813750

2 0376150 4812675

3 0373875 4812825

31•Cintegabelle : une bastide au bord de l'Ariège

VOICI une petite promenade à partir d'un village désormais célèbre et qui ne manque pas de charme. 50 m au-dessus de l'Ariège, cette bastide domine à 246 m. Enroulées autour de ce promontoire rocheux, les habitations s'étagent autour de ruelles et d'escaliers jusqu'à l'église dont le clocher domine les alentours. Un calvaire implanté sur une petite esplanade constitue un splendide belvédère d'où il faut jeter à la ronde un coup d'œil avant de partir.

C'est au bord de l'Ariège que commence pendant presque 2 km cette balade. Puis nous grimpons vers le nord-est avant de rejoindre le village par un joli chemin plongeant sur Cintegabelle avec, à l'horizon, les Pyrénées en toile de fond.

» POUR S'Y RENDRE (28 KM)

Á Toulouse, prenez la N 20 vers Foix. 6 km après Auterive, au rond-point, prenez à gauche en direction de Cintegabelle. Garez-vous près de l'église.

» LA BALADE

Longez l'église et continuez sur le chemin en impasse qui conduit au calvaire. Admirez le point de vue et revenez sur vos pas. Prenez à gauche le premier escalier qui descend et vous amène en face du jardin public. Pénétrez-y et prenez le pont qui enjambe un ruisseau, suivez-le jusqu'au bord de l'Ariège. Rejoignez le parcours sportif et continuez sur un grand chemin qui devient sentier. 1 km plus loin, il s'arrête. Prenez à droite pour rejoindre un large chemin empierré qui en 300 m rejoint un chemin vicinal que l'on prend à droite.

1 En 1 km, vous rejoignez le cimetière, longez-le et traversez la D 35. Prenez-la à droite sur quelques mètres et rejoignez, en face, le chemin de Rioumajou. 400 m plus loin, prenez à droite le chemin de Planole et devant le n° 500 prenez à droite un chemin qui monte puis redescend tout droit sur Cintegabelle. En 1 km on traverse le village pour rejoindre l'église, point de départ.

5,5 km
1 heure 30
I.G.N. 2145 ouest

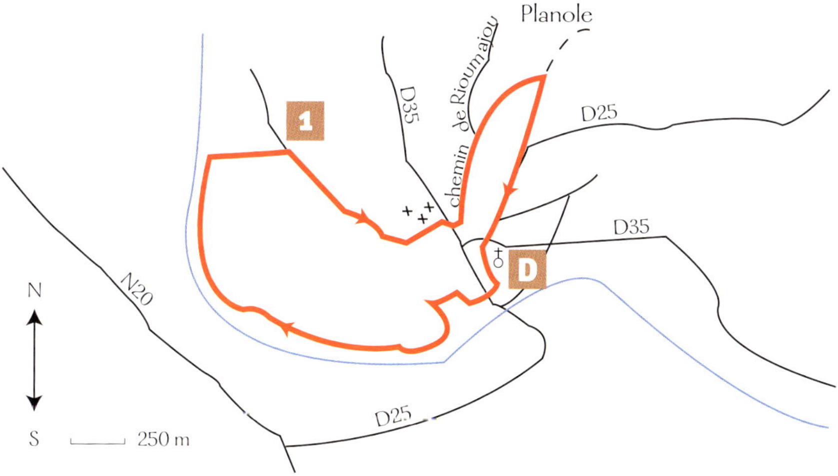

Repères G.P.S. :

D 0381225
4796625

1 0380300
4797175

32•De Puydaniel à Lagrace-Dieu à travers bois

PUYDANIEL , c'est un peu le bout du monde. Tout près de la N 20 et de l'agitation d'Auterive on baigne instantanément dans une tranquillité qui semble inaltérable. Ici le stress ne pourra pas nous atteindre. Le clocher-mur du village est typique de la région. C'est à une belle balade de campagne et de sous-bois que vous êtes invité. Tout est vert et sauvage. En longeant de petites sentes, on traverse les taillis et on saute les ruisseaux. L'humidité est assurée par temps chaud. En revanche préférez un autre site s'il a bien plu la semaine qui précède votre randonnée.

>> POUR S'Y RENDRE (36 KM)

Á Toulouse prenez la N 20 jusqu'à Auterive. Prenez à droite la D 622 vers Saint-Sulpice. 3 km plus loin, rejoignez sur la gauche le village de Puydaniel. Garez-vous près de l'église.

>> LA BALADE

Laissez le château derrière vous. Passez devant l'église. Abandonnez la route D 12e qui part vers Esperce et prenez (sud-est) le chemin qui contourne le village. Á la patte d'oie, prenez à droite et rejoignez un chemin goudronné que l'on prend à gauche en direction du cimetière. Bien avant celui-ci prenez le premier chemin à droite à travers champs.

1 Rejoignez un autre chemin que l'on prend à gauchc puis à droite sur 500 m. Rejoignez à droite la route que l'on prend à gauche. Continuez ainsi pendant plus de 2 km.

2 Á la sortie des bois à droite, prenez un chemin qui sur la droite part dans un sous-bois épais. Continuez sur le sentier à travers le bois. Á la croisée des chemins, prenez à gauche le chemin qui part en une longue courbe, vers la droite. Laissez à gauche les chemins qui descendent et continuez sur le grand chemin plein est puis nord-est.

3 Rejoignez ainsi au lieu-dit Reynes un chemin goudronné. Continuez tout droit sur 2 km. Au pied de Puydaniel prenez la D 12e qui remonte. Prenez à gauche un chemin qui remonte très vite le long du château jusqu'au point de départ.

8,5 km
2 heures 15
I.G.N. 2045 est

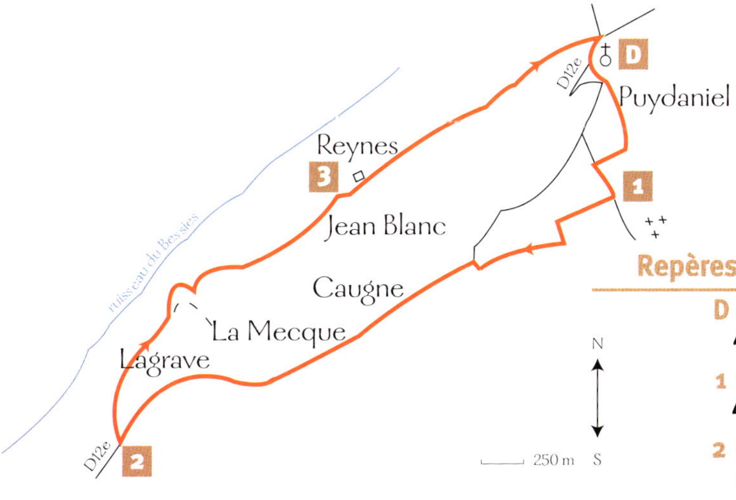

Repères G.P.S. :

D 0373150
4799625

1 0372350
4798625

2 0370325
4797550

3 0371925
4799050

33 • Un village perché : St-Ybars

SAINT-YBARS, perché sur son rocher est un village classé de belle architecture, admirablement préservé et qui domine la vallée de la Lèze. On imagine aisément quel site privilégié représentait cette place dont on surveillait si facilement les accès.

Nous partirons par monts et par vaux, dans cette campagne de vallons et de crêtes pour finir le long de la Lèze, avant de remonter jusqu'au village. Nous jouirons de beaux aperçus vers Lézat et la vallée. Les chemins sont larges et faciles mais l'ombre y est rare. La campagne est riche et souriante et si le temps est clair, vous verrez que la montagne n'est pas loin.

>> POUR S'Y RENDRE (48 KM)

Prenez la N 20 en direction de Foix. Au niveau de Lacroix-Falgarde et Pin-Justaret, au second rond-point prenez à droite la route de la vallée de la Lèze sur 30 km. 5 km après Lézat, tournez à gauche pour rejoindre Saint-Ybars. Garez-vous près de l'église.

>> LA BALADE

Remontez à l'ouest jusqu'à la place des anciens combattants et prenez, à gauche 15°, le chemin goudronné qui passe devant le cimetière. Rejoignez la route qui vient de la D 10 et prenez-la à gauche. 100 m plus loin, laissez à gauche la route de Borde d'en haut et continuez à droite sur 500 m. Dans le creux d'un tournant, prenez le chemin qui descend tout droit. Passez en-bas sur le ruisseau Peybarre et remontez tout droit jusqu'à la route. Prenez-la à gauche. Remontez sur 500 m jusqu'à la ligne de crête et prenez à gauche le chemin de Lezat.

1 Poursuivez sur la ligne de crête pendant 2,5 km.

2 Prenez au lieu-dit Lembarasse le chemin à gauche au niveau d'une croix indiqué Caïchac-d'en-Haut. Poursuivez-le sur 1,6 km. Il débouche sur un chemin goudronné. Prenez-le à gauche sur 1,7 km.

3 Á l'entrée du chemin de Pugneret, repérez un petit chemin balisé jaune qui monte en pleine pente. Remontez-le, il s'élargit en vue de Saint-Ybars que vous rejoignez en tournant à droite et en suivant toujours le balisage jaune.

NB Si vous souhaitez réduire notablement le parcours (7 km / 1 h 45) : prenez sur la ligne de crête, à gauche au lieu-dit Le Poète, le chemin balisé jaune bleu et rouge. Poursuivez-le jusqu'à la route que l'on prend à gauche pour rejoindre Pugneret et reprenez le descriptif en 3.

10 km
2 heures 30
I.G.N. 2045 est

Repères G.P.S. :

D **0369100 4788675**

1 **0370425 4790350**

2 **0368550 4791600**

3 **0368200 4789325**

34•De la cathédrale de Rieux au prieuré St-Pierre-de-Lissac

RIEUX-VOLVESTRE est un véritable festival de briques roses. Niché dans une boucle de l'Arize, son centre historique est intact : une cathédrale, un ancien palais épiscopal, un vieux quartier plein de charme et de belles maisons à colombages. Cette petite ville est dominée par une des plus belles tours de brique toulousaine. C'est d'ailleurs en prenant le départ de la randonnée, au pied du monument aux morts, de l'autre côté de l'Arize que vous jouirez de la meilleure vue d'ensemble sur la cathédrale.

Avant ou après avoir goûté les charmes de la cité, admirez le joli pont de pierre sur lequel on franchit l'Arize. Puis échappez-vous de la ville en passant devant le lavoir qui appartient aussi au passé. C'est par de beaux chemins qui montent et qui descendent d'un coteau à l'autre que nous rejoindrons le Prieuré-Saint-Pierre de Lissac. Au loin, les Pyrénées festonnent l'horizon ondulant, au gré des caprices du temps, sous un ciel venté ou ensoleillé.

Au retour, nous jouerons les saute-ruisseau le long du Rimaou. Le chemin serpente sous les ombrages, en fond de vallon au milieu d'une nature luxuriante et pleine de fraîcheur.

Cette randonnée est un peu longue et assez sportive, tenez en compte et ne partez pas par temps chaud sans eau et avec de jeunes enfants. Prenez le départ dans de bonnes conditions et vous vous régalerez.

» POUR S'Y RENDRE (53 KM)

Á Toulouse, prenez l'autoroute A 64 et sortez à Carbonne. Á Carbonne continuez en direction de Rieux et suivez les pancartes centre-ville, passez le long de la Halle puis continuez tout droit jusqu'à la cathédrale où vous vous garez.

» LA BALADE

Franchissez l'Arize et montez à gauche la D 25. Laissez le lavoir à droite et prenez juste après à droite la côte Saint-Michel. 500 m plus loin, prenez à droite un grand chemin fléché Pataque. Continuez plus d'1 km sur ce chemin tout droit et prenez un chemin à gauche, à angle droit qui monte raide en 500 m jusqu'à la route.

1 Sur la route prenez à gauche sur 100 m et prenez la première à droite en direction d'Estampes. Quittez très vite le chemin goudronné pour un beau chemin à gauche de celui-ci. Poursuivez toujours sur ce grand chemin. Il s'incline en une grande courbe montante sur la droite et arrive en 2 km au Prieuré Saint-Pierre-de-Lissac.

2 Revenez sur vos pas jusqu'à la route d'accès à Estampes que vous prenez à gauche en 1. Poursuivez sur celle-ci pendant 1,5 km et prenez la première à droite en direction de Pisse-vinaigre.

3 Continuez tout droit. Le chemin goudronné devient herbeux et descend vers le vallon du Rimaou. Laissez à droite un chemin qui rejoint Pataque, descendez jusqu'au Rimaou, franchissez-le. Le chemin remonte. Tournez à droite pour rejoindre la route. Prenez-la à droite jusqu'à Rieux.

11,5 km
3 heures
I.G.N. 2045 ouest

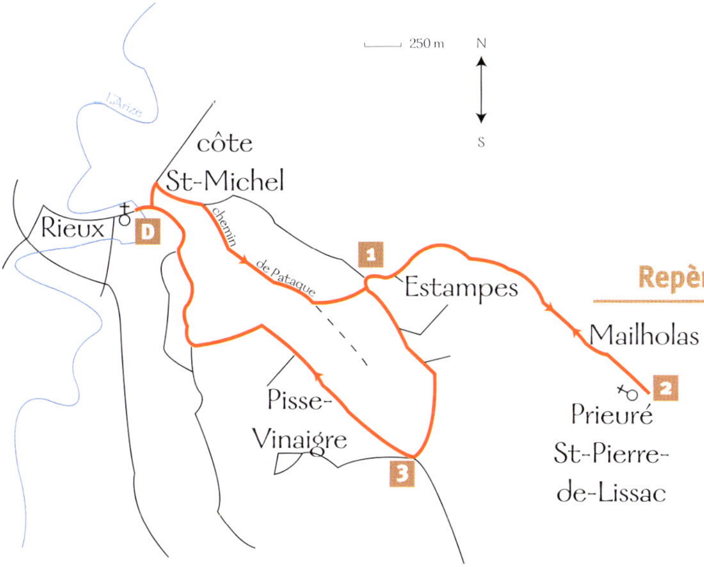

Repères G.P.S. :

D 0354125 4791175

1 0365400 4790625

2 0367525 4789900

3 0355925 4789475

35•D'Estantens à l'Aouach : sur les rives de la Garonne

VOICI une balade ponctuée de sites pittoresques qui donneront beaucoup de charme à ce petit itinéraire un peu sportif. Après un parcours bien ombragé, sinueux et accidenté le long de la Garonne vous arriverez au bac de Fauga-l'Aouach. En effet cette commune, située de part et d'autre de la Garonne, est reliée par une barge en aluminium. Un employé de la D.D.E. est là à votre disposition dix heures par jour en été, huit en hiver pour vous mener gratuitement d'une rive à l'autre. Dans ce site tranquille, en cul de sac, c'est un spectacle d'un autre temps. On s'étonnerait à peine de voir arriver sur la berge en face une diligence ou une charrette à cheval.

Mais, ne l'attendez pas, continuez votre chemin et traversez le village de l'Aouach dont la jolie chapelle en bien mauvais état tient encore debout, puis remontez jusqu'au village de St-Amans où la chapelle vient d'être magnifiquement restaurée. De là, la vue sur la Garonne est splendide et c'est par une descente rapide vers les rives verdoyantes du fleuve que vous rejoignez le joli village d'Estantens.

» POUR S'Y RENDRE (29 KM)

Á Toulouse, prenez l'A 64 ou la N 117, route de Tarbes jusqu'à Muret et rejoignez la D 12 qui va vers Eaunes. Prenez tout de suite à droite devant le lycée la D 56 jusqu'à Estantens. Garez-vous près de l'église.

» LA BALADE

De l'église rejoignez le chemin du Pontil à l'extrémité sud du village. Prenez-le jusqu'au bout en rejoignant à droite les bords de la Garonne. Au bout du large chemin, poursuivez sur le sentier qui en 2 km vous amène au bac de Fauga.

1 Remontez par la route jusqu'au village de l'Aouach que l'on traverse. 1 km plus loin, prenez à gauche le chemin vers Borde-Haute. Laissez la ferme sur votre droite et continuez tout droit le chemin à travers champs. 1 km plus loin prenez à gauche un chemin qui en 250 m vous ramène sur un chemin goudronné. Prenez-le à gauche jusqu'à la chapelle Saint-Amans.

2 Prenez à gauche le chemin qui descend vers la Garonne et rejoint Estantens.

6,5 km
2 heures
I.G.N. 2044 est

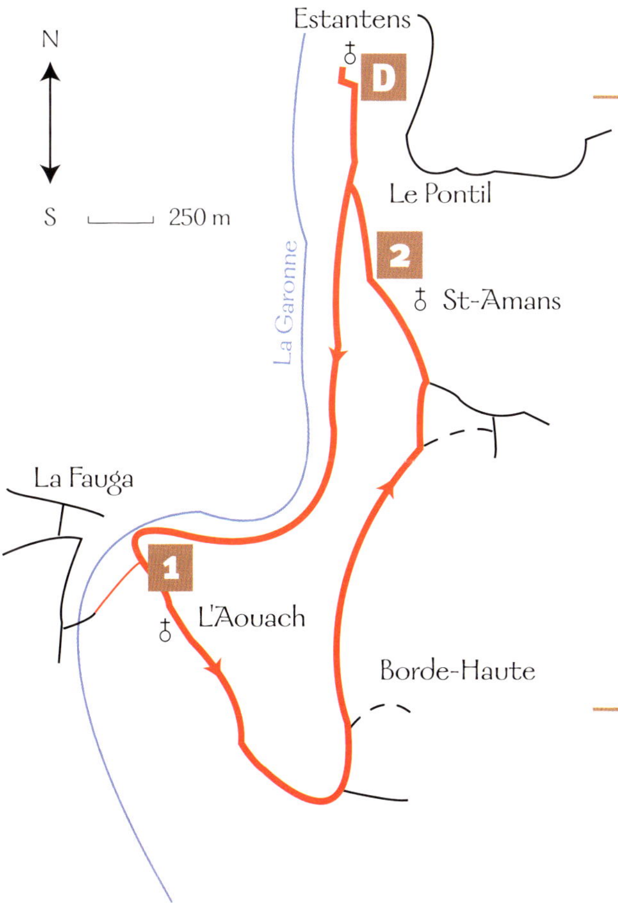

Repères G.P.S. :

D 0363125 4808225

1 0362325 4806375

2 0363425 4806750

36•Les montagnes russes autour de Gratens

Il y a ici une volonté de restauration des chemins dont les habitants sont fiers. Discutez avec eux, ils vous parleront de « La Gratte », cette course qu'ils organisent sur leur territoire et qui rassemble plusieurs centaines de personnes.

La randonnée est un peu sportive car on joue les montagnes russes, mais le terrain reste sans difficultés. Avec les Pyrénées en toile de fond, le charme de la campagne est évident : plans d'eau, bois de chênes, jolies demeures.

Au retour nous longerons le canal Saint-Martory. En effet, de Saint-Martory, commune voisine, un barrage dévie les eaux de la Garonne dans ce canal. Creusé de 1846 à 1877, il est long de 70 km et irrigue les hautes terrasses sèches de la Garonne presque jusqu'à Toulouse.

>> POUR S'Y RENDRE (50 KM)

Prenez l'autoroute A 64, sortez 15 km après Muret et par la D 626 rejoignez Lafitte-Vigordane puis Gratens. Garez-vous derrière l'église.

>> LA BALADE

Quittez l'église plein ouest en direction de l'école. Au niveau de celle-ci, prenez à droite le chemin qui descend, traverse un vallon, remonte et débouche sur un chemin goudronné. Prenez-le à gauche et continuez sur celui-ci pendant plus de 2 km.

1 Au carrefour en T, prenez à gauche. Laissez une route à gauche puis une autre à droite. Au creux du vallon, franchissez le ruisseau Le Peyre et prenez tout de suite après le chemin qui remonte à gauche. Poursuivez sur celui-ci jusqu'à la D 626. Traversez-la et continuez en face sur le chemin goudronné pendant 2 km.

2 Laissez sur votre gauche un premier plan d'eau puis une petite route. Au dessus du second plan d'eau, après un pont, prenez à gauche un grand chemin à travers champs qui en un peu plus d'1 km ramène sur un chemin goudronné juste en dessous du village de Marignac Lasclares.

3 Prenez-le à gauche. En 2,5 km, il ramène à Gratens en face de l'école. Tournez à droite vers l'église, point de départ de la balade.

10 km
2 heures 30
I.G.N. 2045 ouest

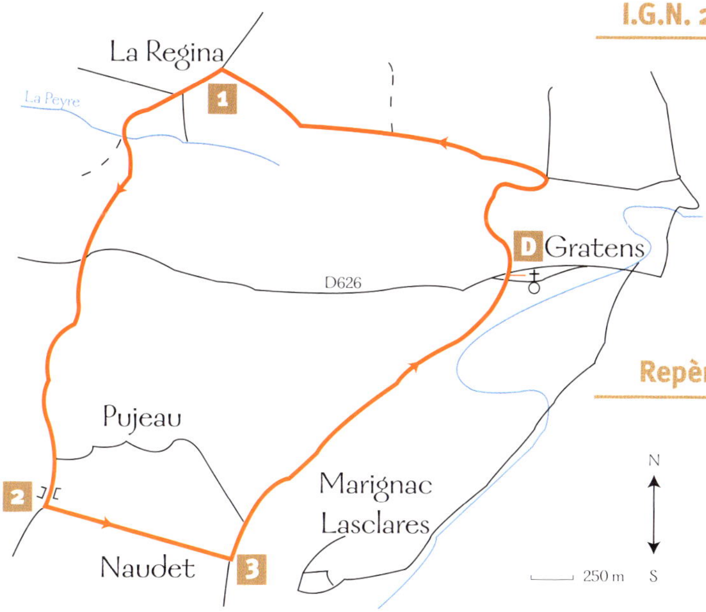

Repères G.P.S. :

D 0347425
4798625

1 0345500
4799725

2 0344425
4797225

3 0345550
4796900

37•Á travers bois, autour de la ville forte d'Aurignac

MONDIALEMENT connue des spécialistes de la préhistoire, la petite ville forte d'Aurignac s'allonge sur une des dernières crêtes des petites Pyrénées. Prenez le temps de visiter le musée de la préhistoire et l'abri préhistorique pour mesurer l'intérêt d'un tel site.

Après avoir traversé la ville forte avec ses maisons à colombages, nous passerons sous le porche de l'église du XVIe siècle au portail de style gothique flamboyant. En passant au pied du Donjon, n'hésitez pas à escalader les marches étroites et abruptes car de là-haut la vue à 360° est splendide. Du sommet du Cagire au pic du Midi de Bigorre en passant par les Pyrénées Ariégeoises, la Maladeta dominée par le pic d'Aneto, le massif de Luchon et l'Arbizon, le site est grandiose.

Nous cheminerons ensuite sur de jolis chemins à travers les bois de Boussans. Nous partirons par le ravin des Communaux et reviendrons par le sentier botanique d'où nous aurons un coup d'œil nouveau sur ce site enchanteur.

Cette balade peut se prolonger jusqu'à Montoulieu par la visite d'une piscine gallo-romaine particulièrement bien conservée et mise en valeur.

>> POUR S'Y RENDRE (75 KM)

Á Toulouse, prenez la N 117 vers Tarbes et sortez à la dernière sortie avant péage. Prenez la D 635 jusqu'à Aurignac. Garez-vous place de l'Hôtel de Ville.

>> LA BALADE

Quittez l'Hôtel de Ville par la rue qui monte au donjon. Traversez ainsi tout le village fortifié et ressortez au nord-ouest sur la D 23 que vous prenez à droite sur 100 m.

1 Dans le coude de la route, prenez le chemin goudronné au départ qui part tout droit et rejoint les bois. Continuez ainsi sur le chemin du ravin des Communaux pendant 2 km jusqu'au chemin de traverse que l'on prend à droite sur 500 m.

2 On rejoint ainsi un grand chemin que l'on prend à droite et qui ramène vers Aurignac à travers bois par le sentier botanique.

3 Á la sortie du bois, prenez à gauche puis à droite pour rejoindre Aurignac et l'Hôtel de Ville en passant sous la porte voûtée.

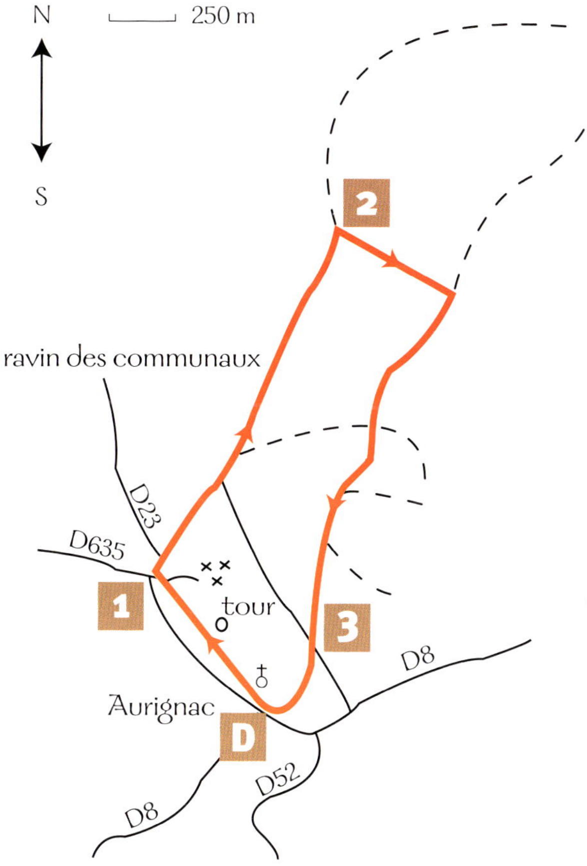

4,5 km
1 heure 30
I.G.N. 1945 ouest

Repères G.P.S. :

D 0327925 4787250

1 0327550 4787825

2 0328625 4788800

3 0328125 4787575

38•La forêt de Fabas

Au milieu de cette campagne riche et cultivée, la forêt de Fabas domine et fait tâche. Verte au printemps, colorée à l'automne, elle compte toutes sortes d'arbres. Vous n'aurez pas de mal à apercevoir au détour du chemin quelques lapins ou chevreuils en promenade. La forêt est très belle, bien entretenue et praticable par tous les temps.

Le retour en lisière de forêt permet de profiter de la campagne environnante et du plan d'eau aménagé sur le Touch. Les soirs d'hiver, au soleil couchant, il peut y avoir des jeux de lumière extraordinaires. Au premier plan le lac, derrière, au pied de la colline, des vaches paissent tranquillement, au fond des sapins et des mélèzes et en arrière plan les Pyrénées. On pourrait se croire en Suisse !

>> POUR S'Y RENDRE (74 KM)

Á Toulouse rejoignez la N 117 ou la A 64. Sortez à Lafitte-Vigordane et continuez sur la D 626 en direction de Gratens puis de Pouy-de-Touges que l'on traverse. Á la sortie du village, prenez à gauche la D 23 sur 9 km. Quittez la D 23 pour rejoindre Fabas par la D 48b. Á la sortie de Fabas, toujours sur la D 48b, suivez à droite les pancartes indiquant « Le Lac ». Garez-vous à la patte d'oie, là où le chemin part à droite vers la forêt et à gauche vers le lac.

>> LA BALADE

Prenez à droite, le chemin empierré qui monte dans la forêt et la traverse.

1 Sur la route, prenez à gauche sur moins de 50 m et tournez à droite en sous-bois, en épingle à cheveux. 200 m plus loin, prenez le premier sentier gauche. Au pied d'un chêne prenez encore à gauche. Le chemin rejoint la route et la longe pendant 10 m. Restez sur le chemin qui descend parallèlement à la route et repart en sous-bois. 700 m plus bas rejoignez un large chemin, prenez-le à gauche.

2 Rejoignez la route et traversez-la. Prenez le chemin en face qui longe la forêt et rejoint le plan d'eau sur le Touch. Continuez ainsi sur ce chemin en lisière de forêt. Dépassez le barrage, 500 m plus loin vous arrivez au point de départ.

7,5 km
2 heures
I.G.N. 1945 ouest

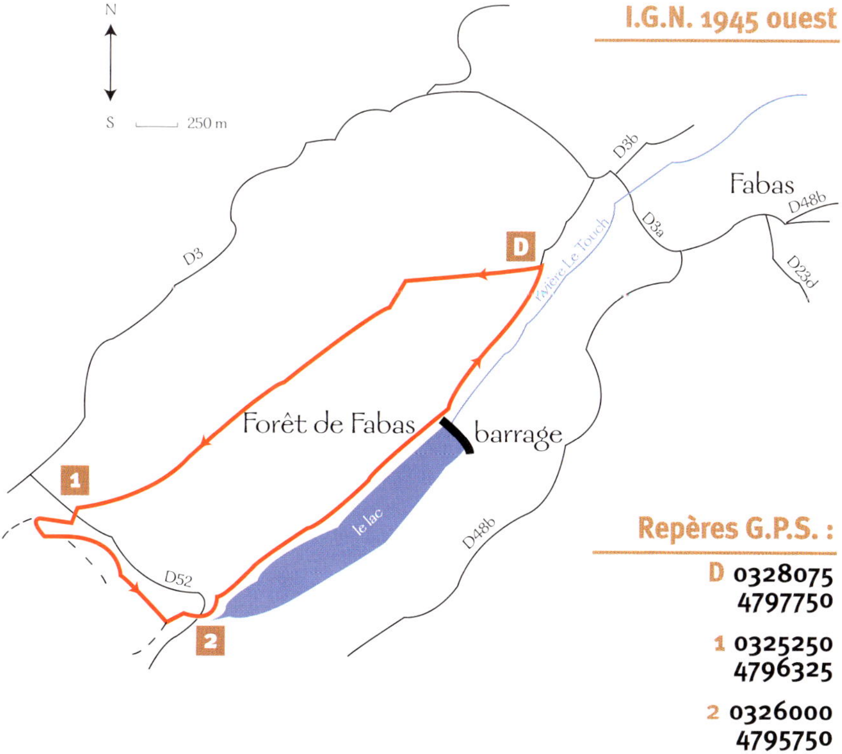

Repères G.P.S. :

D 0328075 4797750

1 0325250 4796325

2 0326000 4795750

39•La forêt de Lahage

Nous partirons d'un somptueux château qui domine le village pour une forêt qui réserve beaucoup de surprises. En effet, si celle de Lahage au nord du Lardou est petite, nous rejoindrons facilement celle de Rieumes qui est immense et permet de récupérer d'autres circuits balisés.

Vert tendre au printemps et rousse à l'automne, elle ne manque pas de charme en hiver car les épicéas sont nombreux et resplendissants. Le sous-bois est épais et sombre et les odeurs de champignon sont fréquentes. Si vous n'êtes pas trop bruyants vous surprendrez sûrement quelques chevreuils car ils sont ici chez eux. Pas vraiment farouches, ils s'éloigneront tranquillement de votre passage.

›› POUR S'Y RENDRE (42 KM)

Á Toulouse, rejoignez Muret puis Saint-Clar-de-Rivière par la route de Rieumes, D 3. Continuez sur celle-ci. 2 km avant Rieumes, prenez à droite la D 28a, en direction de Lahage. Sur la D28, tournez à gauche au pied du château Saint-Médard et rejoignez sur votre gauche le plan d'eau de Lahage. Garez-vous.

›› LA BALADE

Passez sur la digue de retenue d'eau et rejoignez le chemin qui monte à gauche derrière le plan d'eau. Remontez-le et à sa sortie prenez tout de suite à votre droite le chemin vicinal qui conduit à Cap del Bosc en 1 km.

1 Traversez le village et continuez sur le large chemin de terre qui descend vers la forêt. Peu après, on rejoint le GR balisé rouge et blanc. Laissez-le à droite et continuez tout droit en le laissant partir à gauche 1km plus loin.

2 Le chemin tourne à droite. Poursuivez sur celui-ci et traversez le ruisseau de la Rédau (pont de bois) pour rejoindre 50 m plus loin un large chemin que l'on prend à droite sur 2km. 200 m après un carrefour et une table à pique nique tournez à droite (on retrouve le GR rouge et blanc) et retrouvez ainsi le chemin de départ. Prenez à gauche en direction de Cap del Bosc et Lahage.

6,5 km
1 heure 45
I.G.N. 1944 est
I.G.N. 2044 ouest

Repères G.P.S. :

D 0343000
4811500

1 0343925
4811050

2 0345925
4811250

VOICI une petite balade vers le Gers autour d'un plan d'eau où les nénuphars et les iris foisonnent. Le niveau de l'eau peut varier de façon considérable et le paysage en est alors profondément modifié.

L'habitat réserve de bonnes surprises : un vieux puits, une jolie demeure, une ruelle entre murs de briques et de galets. Au départ comme à l'arrivée de belles allées d'arbres donnent à ce circuit un air seigneurial.

» POUR S'Y RENDRE (29 KM)

Á Toulouse prenez la D 632 en direction de Lombez. 3 km après Saint-Lys, entrez dans Sainte-Foy-de-Peyrolières. Garez-vous près de l'église.

» LA BALADE

Sortez de Sainte-Foy par la route de Saint-Lys. Prenez le premier chemin à gauche qui part en passant devant un puits datant de 1855. Á la patte d'oie prenez à gauche un beau chemin qui descend derrière Sainte-Foy. 500 m plus loin on rejoint la route D 53b que l'on prend à droite sur 300 m. Prenez dans un coude le chemin qui continue tout droit. 700 m plus loin on arrive au lac. Continuez tout droit toujours le long du lac. Le chemin débouche sur une route, prenez- la à droite le long du lac.

1 Juste avant le lieu-dit Campariol, prenez le chemin à droite. Rejoignez ainsi la queue du lac et à la première bifurcation, tournez à droite pour rejoindre l'autre rive du lac. En 2 km, on rejoint la D 53b, prenez-la à gauche sur 100 m. Au croisement suivant, tournez à droite, poursuivez sur presque 1 km.

2 Au lieu-dit Le Guèrin, juste avant la première maison, prenez à droite un grand chemin qui remonte directement jusqu'à Sainte-Foy. Rejoignez ainsi le chemin du puits et tournez à droite vers le point de départ.

7 km
1 heure 45
I.G.N. 2044 ouest

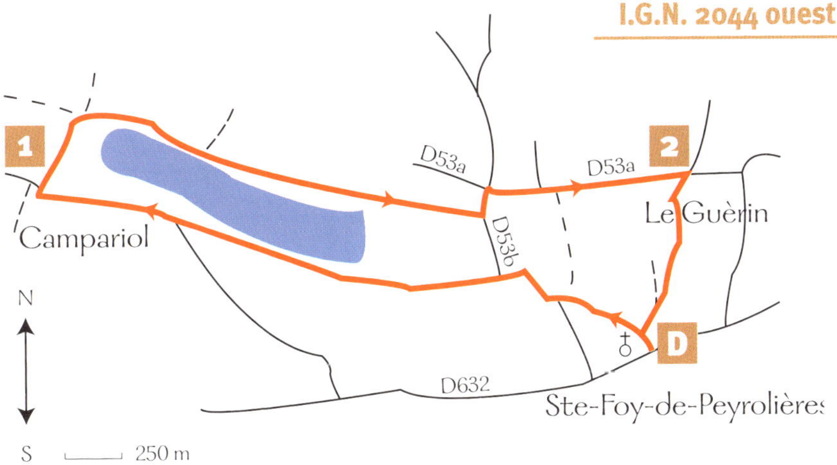

Repères G.P.S. :

D 0350500
4817675

1 0347775
4818125

2 0350625
4818400

41•Autour de Monferran-Saves

C'EST au château de Caumont à Cazaux-Savès qu'est né en 1554 Jean-Louis de Nogaret de la Valette, un des premiers cadets de Gascogne nommé duc d'Epernon par le roi Henri III.

Ce « château de la Loire » en Gascogne construit au XVIe siècle sur les ruines d'un ancien château fort mérite une visite. Vous y serez accueilli très agréablement par les descendants de la famille avant ou après la balade qui partira de Montferran-Savès à quelques kilomètres de là.

Partant de ce petit village de la campagne Gersoise, nous rejoindrons un joli vallon en bordure de ruisseau avant de rejoindre une crête d'où la vue est imprenable. Les cheveux au vent, on respirera à pleins poumons l'air de la montagne qui se profile majestueusement à l'horizon.

» POUR S'Y RENDRE (45 KM)

Á Toulouse, prenez la route d'Auch, N 124. Huit kilomètres au-delà de l'Isle-Jourdain, tournez à gauche en direction de Montferran-Savès. Garez-vous après l'église, devant la poste.

» LA BALADE

Descendez la route D 39 vers Castillon-Savès sur quelques mètres et prenez tout de suite à droite en suivant le balisage jaune et rouge-blanc. Rejoignez ainsi le cimetière, longez-le à gauche et tournez à droite juste derrière. Descendez jusqu'au chemin qui longe le ruisseau. Au ruisseau laissez à droite les balises rouges et blanches et tournez à gauche en suivant les balises jaunes jusqu'à la route.

1 Traversez la D 39 et poursuivez en face sur le chemin. On s'éloigne petit à petit du ruisseau et on remonte sur la crête à travers champs toujours sur un chemin balisé jaune. Celui-ci débouche sur la D 257 que l'on prend à droite sur 1 km.

2 Au lieu-dit Lanoye, prenez à gauche le chemin qui conduit au village. En haut du village on débouche sur un large chemin balisé jaune, prenez-le à gauche. 600 m plus loin il fait un coude à gauche et rejoint En-Seubes. Prenez à droite le chemin d'accès à la ferme. 500 m plus loin on arrive à Gaillarvieille et on rejoint la D 257 que l'on prend à droite jusqu'à Montferran-Savès et au point de départ.

8 km
2 heures
I.G.N. 1943 est

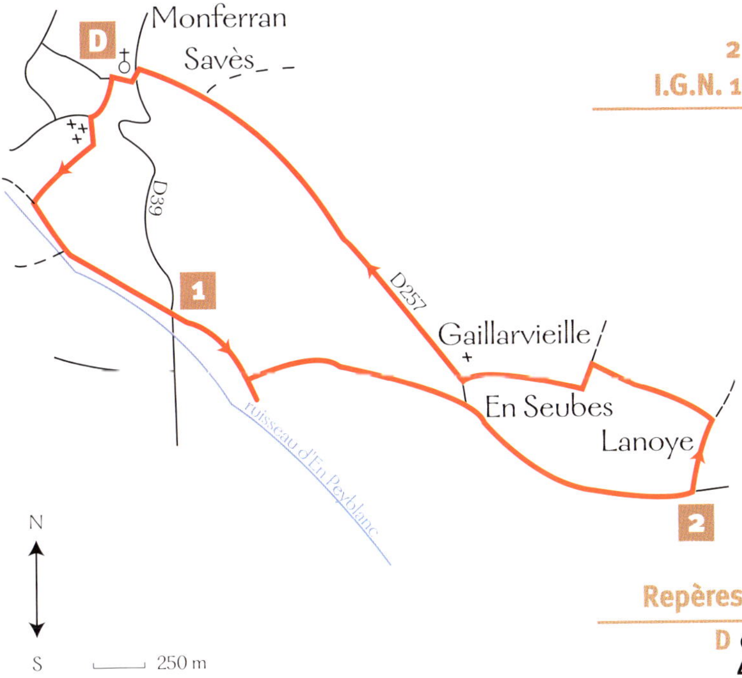

Repères G.P.S. :

D 0337000 4829250

1 0337200 4828125

2 0339725 4827200

42•La campagne Gersoise autour de Frégouville

C'EST encore un petit village du bout du monde. Vous y trouverez l'église, le cimetière, une splendide allée de marronniers qui débouche sur un square autour duquel se concentre la vie de cette toute petite cité. Il se dégage de ces lieux un charme unique, un peu rétro. D'ici, on domine, à l'infini, les plaines et les vallons du Gers et le point de vue sur les Pyrénées est saisissant certains jours.

Nous partirons sur des chemins larges, herbeux, faciles à trouver et à parcourir. La balade n'est pas très longue mais elle est charmante, les demeures sont très belles, les allées joliment arborées, les chemins ombragés et bien entretenus.

Ce circuit rejoint à la fois celui de Montferran-Savès et celui de Giscaro. La randonnée peut ainsi être modulée à votre goût, de familiale, elle peut devenir sportive.

» POUR S'Y RENDRE (48 KM)

Á Toulouse, prenez la route d'Auch (N 124). 9 km après l'Isle-Jourdain, tournez à gauche en direction de Montferran-Savès. Puis suivre les pancartes Frégouville. Prenez en face de l'église l'allée de marronniers qui mène à une place-parking en face de l'école. Garez-vous.

» LA BALADE

Prenez l'allée de marronniers vers l'église et rejoignez la route d'accès. Prenez-la à gauche sur 150 m et descendez le chemin goudronné indiquant les villages de La Cassagne, Le Chantre, La Batut et Matet.

1 Allez ainsi jusqu'à Matet et juste avant le dernier bâtiment du village, prenez à gauche un chemin herbeux, plus ou moins entretenu. Il va en se rétrécissant et devient sentier. Poursuivez ainsi toujours tout droit jusqu'à un grand chemin balisé jaune.

2 Prenez-le à gauche et poursuivez tout droit sur celui-ci pendant plus de 2 km. On est sur un chemin de Grande Randonnée balisé rouge et blanc (GR).

3 300 m avant que le GR ne fasse un coude à droite, prenez à gauche un chemin qui descend à travers champs et rejoint la jolie propriété d'En-Bégué. Remontez par son chemin d'accès et toujours à gauche jusqu'à Frégouville.

7 km
1 heure 45
I.G.N. 1943 est

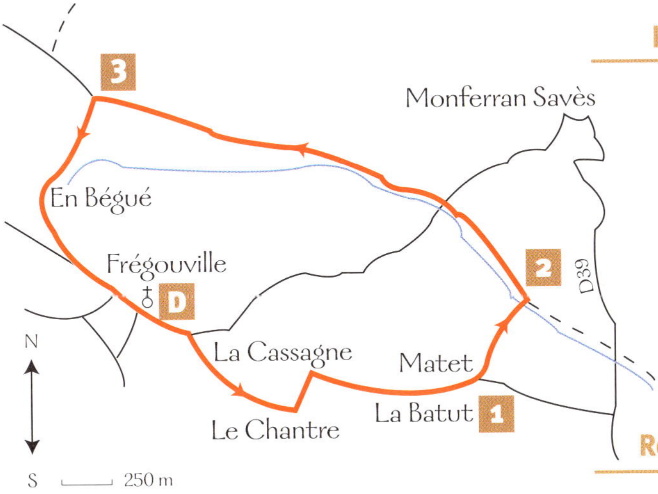

Repères G.P.S. :

D 0334925 4828625

1 0336550 4828225

2 0336800 4828625

3 0334625 4829500

43• Á Giscaro, sur les chemins de St-Jacques

C'EST sans doute au printemps que ces vallons et coteaux sont les plus radieux. Le blé est vert, les ajoncs sont jaunes, les arbres sont encore en fleurs et à cette période on bénéficie assez souvent de la vue sur la chaîne des Pyrénées qui s'élève majestueusement en toile de fond.

Vous foulerez des chemins qui sont à la fois des chemins de Saint-Jacques de Compostelle et des chemins de Grande Randonnée (GR). Ainsi nombreux sont les marcheurs qui choisissent les sentiers du Gers, pays où la nature et les habitants sont connus pour leur accueil. Profitez donc de cette balade pour goûter tous les charmes de la Gascogne où il fait si bon vivre.

>> POUR S'Y RENDRE (52 KM)

Á Toulouse prenez la route d'Auch (N 124). 13 km après l'Isle-Jourdain prenez à gauche en direction de Giscaro et garez-vous près de l'église.

>> LA BALADE

Derrière l'église, prenez le chemin balisé rouge et blanc (GR) qui part plein est et rejoint la jolie demeure de La Barthe. Continuez encore 300 m. On débouche sur un autre chemin que l'on prend à droite toujours sur le GR qui un peu plus loin fait un coude à gauche.

1 300 m après ce coude on quitte le GR qui continue tout droit pour un chemin à droite, le long d'un champs qui descend vers la propriété d'En-Bégué au milieu d'un bosquet. Passez le long de celle-ci et remontez son chemin d'accès.

2 Au bout de celui-ci prenez à droite en épingle à cheveux un chemin goudronné qui en 3 km vous ramène à l'église de Giscaro.

7 km
1 heure 45
I.G.N. 1943 est

Repères G.P.S. :

D 0332800 4830625

1 0334625 4829500

2 0334625 4828750

44•Autour de Merenvielle

ICI, le bonheur est dans le pré ! On quitte un village propret et calme pour suivre de grands chemins bordés de chênes, rejoindre des élevages de canards, d'oies et longer des fermes-auberges. La campagne est bucolique et le goudron réduit au minimum. Les paysans sont aimables et ouverts, éleveurs de volailles et producteurs de foie gras. On monte et on descend au gré des vallons. Quel plaisir de découvrir en haut du chemin un vrai balcon sur la chaîne des Pyrenées qui par temps clair est toute proche.

Peu avant Merenvielle, un élevage de bisons propose une visite.

Avant de partir, jetez un œil à l'intérieur de la charmante église de Merenvielle.

» POUR S'Y RENDRE (27 KM)

Á Toulouse, prenez la route d'Auch N 124 jusqu'à Lèguevin. Dans Lèguevin, prenez à droite la D 42, puis après la forêt à gauche la D 42b jusqu'à Merenvielle. Garez-vous place de la mairie et de l'église.

» LA BALADE

Passez derrière l'église et prenez un large chemin herbeux qui descend vers la D 42c que l'on prend à gauche sur 100 m. Prenez le premier chemin goudronné encore à droite sur 600 m. Franchissez le ruisseau, Le Remoulin et prenez à gauche le grand chemin bordé de chênes.

1 Continuez tout droit sur celui-ci pendant plus de 3 km. Il débouche sur un chemin goudronné que l'on prend à droite sur 20 m. Prenez tout de suite à gauche le chemin en épingle à cheveux qui longe un grand trou plein d'eau. Il rejoint un autre chemin que l'on prend à gauche. Remontez ensuite à droite en direction des bâtiments de La Colonne (élevage de canards). Traversez la ferme et rejoignez la route par son chemin d'accès.

2 On débouche sur le GR balisé rouge et blanc. Prenez-le à gauche et continuez tout droit sur ce GR jusqu'à la route. Prenez-la à droite sur 50 m.

3 Quittez le GR en tournant à gauche juste après une maison, sur un grand chemin empierré. 500 m plus loin ne franchissez pas le pont et continuez ainsi en remontant pour rejoindre le chemin de départ. Prenez-le à droite et rejoignez la route goudronnée que vous prenez à droite jusqu'à la D 42c. Prenez-la à gauche jusqu'à Merenvielle.

9 km
2 heures 15
I.G.N. 2043 ouest

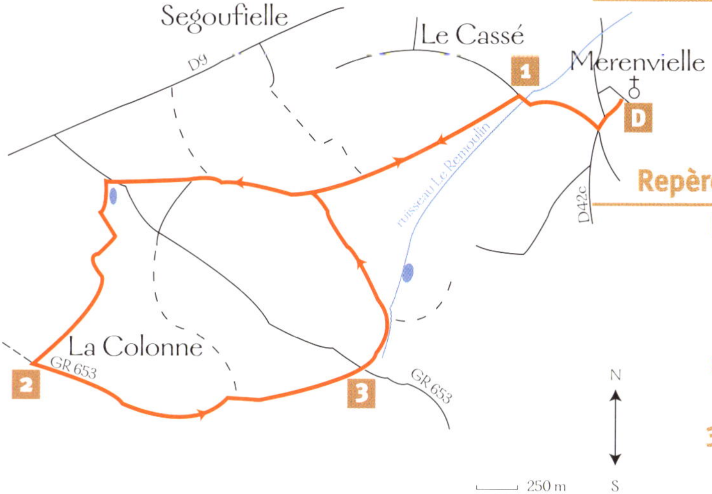

Repères G.P.S. :

D 0351250 4832500

1 0350700 4832500

2 0347700 4830825

3 0349900 4831200

45•Circuit en forêt de Bouconne

A QUELQUES kilomètres de Toulouse, la Forêt de Bouconne qui autrefois allait jusqu'aux portes de la ville ne couvre plus que 2000 hectares. Le dimanche nombreux sont les citadins qui viennent en profiter mais l'itinéraire proposé ici permet de s'échapper très vite des sentiers battus. Ceci vous permettra de surprendre l'écureuil grimpant le long du pin, le lapin qui s'enfuit sous les chênes ou le chevreuil qui s'échappe au loin sur le sentier. Chemin faisant vous trouverez la Croix dédiée à Saint Dominique car c'est là que la Vierge lui aurait demandé d'instituer la dévotion du rosaire.

›› POUR S'Y RENDRE (24 KM)

Prenez la route d'Auch, N124 jusqu'à Léguevin. Au feu, prenez à droite la D42 en direction de Lasserre et Mérenvielle. 3 km plus loin vous rejoignez la forêt. Prenez à gauche l'allée qui conduit au grand parking et garez-vous là.

›› LA BALADE

Quittez le parking en traversant la grande allée pour prendre le sentier qui part en face, direction sud est et parallèle à la route. Continuez ainsi jusqu'au chemin balisé rouge et blanc que vous prenez à gauche. Il coupe la route et part tout droit dans la forêt sur 2 km. Il tourne à gauche pour rejoindre la grande allée et passer sur la voie de chemin de fer.

1 Juste après le chemin de fer quittez le chemin balisé pour prendre le chemin qui part à gauche. Continuez tout droit pendant 1,5 km. Vous rejoignez un autre grand chemin que vous prenez à gauche.

2 Traversez à nouveau la voie ferrée (attention aux trains!) et continuez sur ce chemin qui zigzague en lisière de forêt et vous ramène sur une grande allée.

3 Prenez là à gauche. En 1km vous rejoindrez une autre grande allée que vous prendrez à droite pendant moins de deux kilomètres pour retrouver le parking de départ.

8 km
2 heures
I.G.N. 2043 ouest

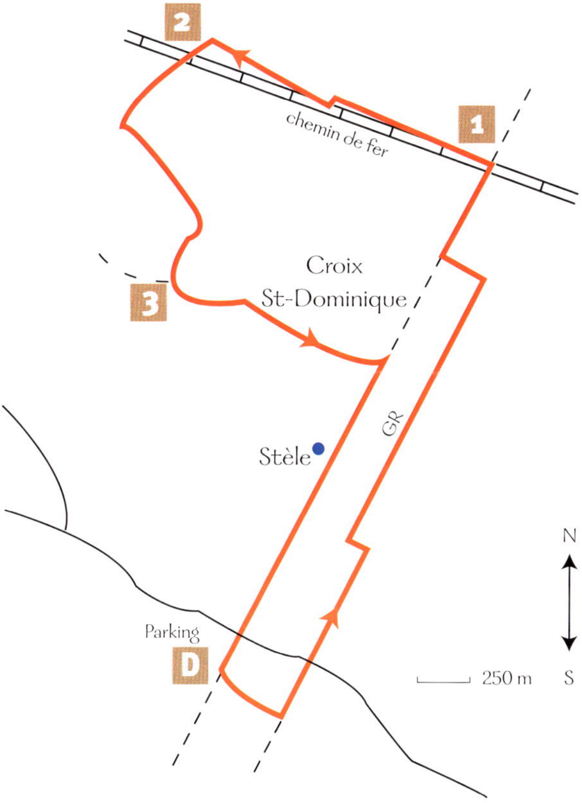

Repères G.P.S. :

D 0354625
4830575

1 0356100
4832825

2 0354550
4833250

3 0354400
4832575

COLOGNE est une coquette bastide du XIIIe siècle avec sa place centrale bordée de maisons à couverts en brique, en pierre ou à colombages et au milieu, une splendide halle à piliers de bois surmontée d'un clocheton. L'ensemble est sûrement l'un des plus beaux de la région.

Á 2 km de là, le village d'Ardizas nous servira de base de départ. Devant l'église, un havre de verdure luxuriante nous invite à la pause avant le départ. Si la nature est apaisante, la main de l'homme y a déposé en 1922 des statues religieuses dont le nombre et la disposition laissent perplexes. Les tables à pique-nique sont kitsch à souhait et dans cet environnement paraissent anachroniques.

Rassurez-vous la balade est magnifique. Vous irez par de beaux chemins à travers ces coteaux gascons jusqu'au lac et au village de Saint-Cricq dont vous admirerez l'église romane du XIe siècle dédiée à Sainte-Radeguonde. Cette partie du lac est encore sauvage, c'est le royaume des pêcheurs. Au sud-est, un centre de loisirs attire les amateurs de sports nautiques mais vous ne les verrez même pas.

>> POUR S'Y RENDRE (62 KM)

Á Toulouse, prenez la N 124 vers Auch et rejoignez l'Isle-Jourdain. Á la sortie du village, avant le plan d'eau, prenez à droite la D 654 qui rejoint Cologne. Juste avant Cologne, tournez à droite sur la D 116 jusqu'à Ardizas. Garez-vous à gauche devant l'église sous les marronniers.

>> LA BALADE

Traversez la D 116 et prenez en face l'impasse qui mène à Padouenc. Continuez tout droit sur le chemin herbeux pendant 1 km.

1 Prenez à gauche le grand chemin bordé d'arbres qui 1 km plus loin arrive à Borde-Neuve. Longez le bois de Bouzigues et continuez tout droit jusqu'au chemin à droite qui conduit à En-Garros et La Tuilerie.

2 Prenez le chemin herbeux à gauche à l'entrée de ce chemin qui en moins d'1 km ramène au chemin qui vient du cimetière d'Encausse. Poursuivez à droite sur celui-ci, passez sur le ruisseau et remontez tout droit. Peu avant le haut de la côte, prenez à droite le chemin qui ramène en 500 m derrière le village des Blanques et remontez jusqu'à la route D 511.

3 Prenez à droite jusqu'au lac puis à l'église de Saint-Cricq.

4 Après l'église, prenez à droite un chemin goudronné qui continue tout droit vers Le Rendier. Avant la pancarte « vente et réparation de matériel agricole » prenez à gauche et remontez à droite à travers champs sur un chemin en ligne de crête. Prenez-le à gauche, on rejoint un large chemin venant de Penut. Prenez-le à droite. 400 m plus loin, on rejoint en 1 le chemin de départ. Continuez tout droit jusqu'à l'église d'Ardizas.

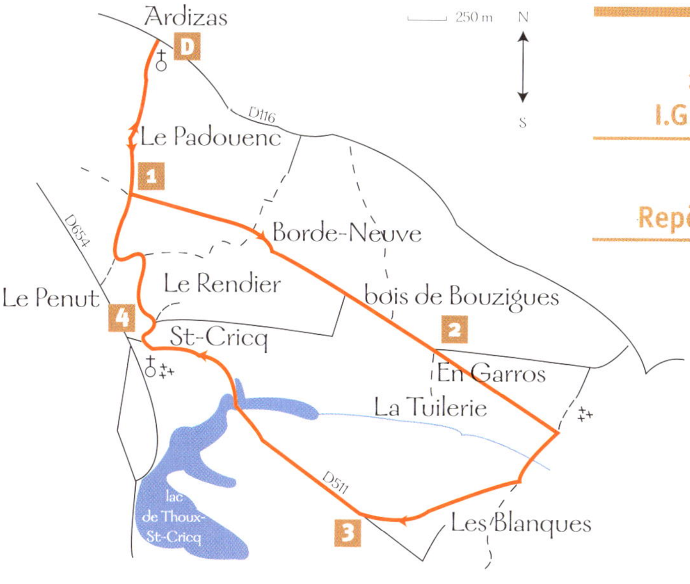

10 km
2 heures 30
I.G.N. 1943 est

Repères G.P.S. :

D 0339125 4842375
1 0338875 4841325
2 0340950 4840375
3 0340575 4839175
4 0338950 4840425

47•Sur les collines autour de Mauvezin

MAUVEZIN est un ancien Castelnau dominant la vallée de l'Arrats. Ce village mérite une halte prolongée. Il fait bon s'attarder place de la Libération. Là se dresse une remarquable halle du XIVe siècle soutenue par des piliers de pierre ronds. La charpente, le toit de tuile, les maisons à arcades, la maison dite « Henri IV » qui est aujourd'hui le bureau de poste contribuent au charme du site. L'église, avec son clocher du XIIIe siècle de type toulousain sera un repère pendant toute la balade.

Mauvezin est aussi le pays de l'ail dont le marché se tient tous les lundis de juillet à novembre sur l'esplanade du château. Le village sera la toile de fond de notre parcours. Il emprunte de ravissants chemins qui nous conduiront à l'église de Lamothe à travers une contrée typiquement gersoise. Ici, règne une volonté de préserver les chemins et cette balade s'en trouve bien valorisée. La campagne s'offre à vous et ses habitants vous y accueillent avec plaisir.

›› POUR S'Y RENDRE (69 KM)

Á Toulouse, prenez la N 124 vers Auch jusqu'à L'Isle-Jourdain puis la D 654 vers Cologne puis Mauvezin. Garez-vous au parking du lac de Mauvezin sur la route D 654 vers Fleurance.

›› LA BALADE

Prenez plein nord la D 654 vers Fleurance sur 100 m. Tournez à gauche sur la D 115 vers Serempuy. On longe sur la droite des petits jardins. Peu après prenez à droite un joli chemin et continuez tout droit parallèlement à la route. Un peu avant En-Bouteille on rejoint la route que l'on prend à droite sur 700 m.

1 Prenez à droite un petit chemin vicinal interdit aux plus de 3,5 t. 300 m plus loin, prenez sur la droite le grand chemin empierré et remontez ainsi jusqu'au chemin vicinal que l'on prend à droite. Passez devant Le Maire. On rejoint une balise PR2 qui continue tout droit. Suivez-la.

2 Au carrefour suivant, tournez à gauche. Laissez à droite l'église de Grasan et à gauche En-Jouanamat et continuez tout droit.

3 250 m plus loin, prenez à gauche vers Bouhobent et continuez tout droit sur le chemin de VTT n° 5 sur 1 km environ et tournez à gauche vers Lamothe. Passez devant l'église et prenez le premier chemin vicinal à droite balisé jaune. Traversez la D 115 et continuez en face sur la route du cimetière.

4 Prenez à gauche le chemin qui part tout droit puis fait un coude à gauche. Traversez la route et continuez sur le chemin en face qui en 1,5 km vous ramène sur la route que l'on prend à gauche jusqu'au parking du lac. Attention, ces 700 derniers mètres se font en bordure de route départementale.

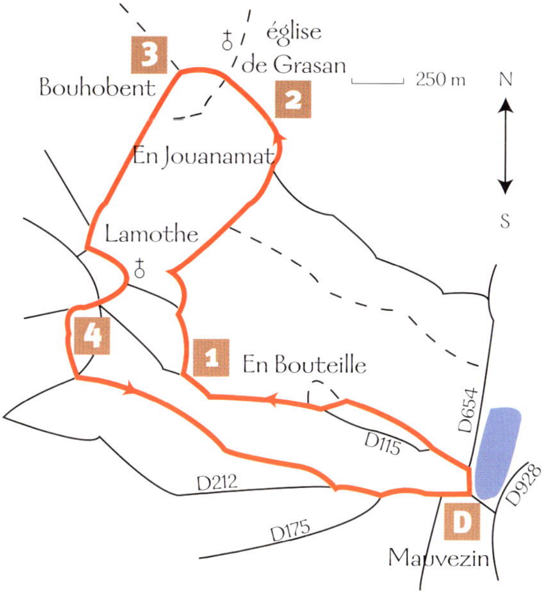

8 km
2 heures
I.G.N. 1942 ouest

Repères G.P.S. :

D 0329250 4844400
1 0326875 4845025
2 0327300 4846300
3 0326575 4847000
4 0326075 4845450

48•De Lamothe aux rives de l'Orbe

LE hameau de Lamothe est un havre de quiétude perdu dans la verdure à l'ombre de sa petite chapelle. On peut s'attarder et prévoir une halte pique-nique avant de partir ou au retour, vous ne la regretterez pas.

Cette balade, en partie balisée permet d'arpenter la campagne gersoise par de beaux et larges chemins de campagne. La petite église de Grazan, entourée de son cimetière, dispense calme et fraîcheur. Nous surplomberons le lac de la Barage, il est très poissonneux et les carpes y sautent gaillardement. Puis nous longerons les rives de l'Orbe sur une sente qui passe de sous-bois en prairie. Plus loin, nous longerons par le chemin des manants le château de Sérempuy pour profiter du parc magnifiquement arboré et entretenu. Tout au long de la promenade, on passe de sous-bois frais et ombragés à de larges chemins de crête desquels on profite d'horizons lointains. Ombre et soleil alternent, intimité de sous-bois et larges vues sur les Pyrénées ponctuent ce circuit de charme.

>> POUR S'Y RENDRE (73 KM)

Á Toulouse, prenez la N 124 jusqu'à L'Isle-Jourdain puis la D 654 jusqu'à Cologne puis Mauvezin. Traversez Mauvezin en direction de Fleurance. Au niveau du lac, prenez à gauche la D 15 vers Serempuy. 3 km plus loin, tournez à droite en direction de Lamothe. Stationnez près de l'église.

>> LA BALADE

Á Lamothe, prenez le chemin goudronné qui passe devant l'église puis tournez à droite vers Lauzero sur 50 m. Laissez le goudron et continuez tout droit sur un large chemin qui en 1 km vous amène à Bouhobent. Passez devant les bâtiments, remontez le chemin d'accès et tournez à droite jusqu'à la croisée des chemins, 250 m plus loin. Prenez à gauche vers l'église de Grazan puis encore à gauche vers Cap-del-Bosc.

1 200 m plus loin, prenez à droite (45°) un large chemin, à travers champs. Laissez le lac de la Barage sur votre droite et continuez tout droit. Sous les chênes, laissez le chemin de droite et continuez à gauche jusqu'à Esparbès.

2 Á Esparbès, prenez à gauche au pied de la croix puis encore à gauche avant les premières maisons. Continuez sur ce chemin goudronné qui part vers Sérempuy sur 850 m. Á En-Botte, prenez à droite vers le hameau, traversez-le et continuez tout droit sur le grand chemin communal jusqu'au bois de chênes et de pins. Entrez dans ce bois en suivant une petite sente. Tournez à gauche pour descendre au bord de l'Orbe. Suivez ainsi le sentier des pêcheurs à travers bois et prairies le long de la rivière. Franchissez un pont puis une haie puis un fossé. Peu après un bois de peuplier on rejoint la route de Sérempuy.

3 Prenez-la à gauche sur 750 m. Tournez sur le premier grand chemin à droite qui part derrière le château de Sérempuy. Tournez à gauche pour le longer. On rejoint la route. Traversez-la et prenez, en face, le chemin tout droit qui en 2 km vous ramène à Lamothe.

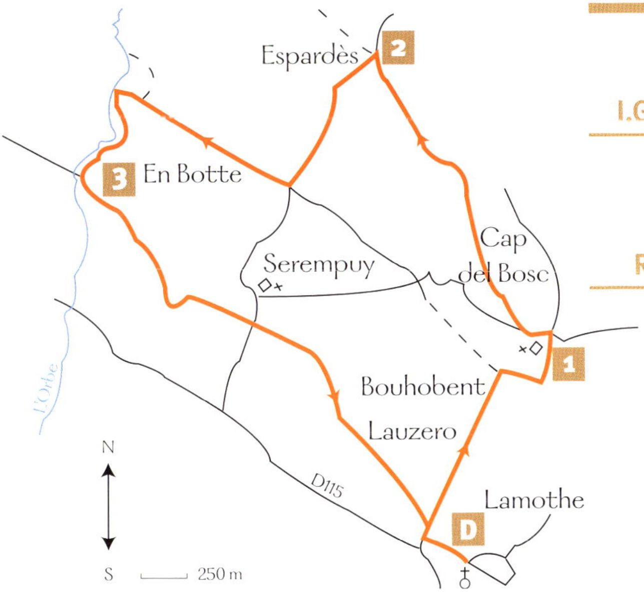

9,5 km
2 heures 30
I.G.N. 1942 ouest

Repères G.P.S. :

D 0326475 4845755

1 0327075 4847325

2 0326000 4849350

3 0323950 4848450

49• Autour de la cité médiévale de Sarrant

SARRANT est une jolie cité médiévale du XIIIe siècle érigée en plan circulaire autour de son église. On y pénètre par un ancien donjon du XIVe qui aujourd'hui abrite la mairie et le bureau d'information touristique. Á l'intérieur, deux îlots de maisons curvilignes dont certaines en pierre au rez-de-chaussée, en torchis et colombages au premier étage valent le coup d'œil.

Au mois d'août, un festival médiéval redonne à la cité un rythme moyenâgeux : bateleurs, musiciens, saltimbanques, théâtre de rue, chants, danses, tout contribue à redonner au village les couleurs de l'époque.

Notre balade sera l'occasion de découvrir les pigeonniers et les moulins si typiques de cette région. Le plus souvent isolé du bâtiment, le pigeonnier est parfois intégré à la ferme. Le style gascon que nous rencontrerons généralement est de section carrée, surmonté d'un toit à quatre pentes égales et d'un clocheton qui couronne l'ensemble. Celui du château de Savaillon au pied duquel nous passerons est hexagonal et sur pied. Seigneurial, il est malheureusement décapité. Signalons aussi que nous longerons la Gimone pendant un moment et sur ses berges, fin février, début mars, les jonquilles pullulent.

>> POUR S'Y RENDRE (68 KM)

Á Toulouse, prenez la N 124 vers Auch jusqu'à L'Isle-Jourdain, puis prenez la D 654 jusqu'à Cologne et la D 165 jusqu'à Sarrant. Garez-vous sous les platanes au pied du Donjon.

>> LA BALADE

Passez la porte du donjon et traversez le village pour ressortir de l'autre côté. Tournez à gauche pour rejoindre le lavoir puis quittez Sarrant par la D 205 vers Gimont. Passez devant le domaine de l'Augé et 300 m plus loin, prenez à droite le chemin vicinal qui longe le domaine et son pigeonnier puis les ruines d'un moulin à vent.

1 Continuez entre En Nadobelle et En Haubet. Le chemin fait un coude à droite puis un second à gauche. Au creux de ce dernier, continuez par le chemin herbeux qui descend tout droit vers Camarade. Continuez sur ce chemin jusqu'à la rivière que vous longez pendant 1,5 km. Laissez le premier chemin qui remonte à droite vers le château de Savaillon.

2 Prenez le suivant 500 m plus loin. Le chemin tourne à droite, suivez-le tout droit pour rejoindre l'allée qui, à gauche, rejoint le château de Savaillon. Quittez le château par son chemin d'accès qui débouche sur un chemin vicinal que l'on prend à droite jusqu'à Sarrant.

8,5 km
2 heures 30
I.G.N. 1942 est

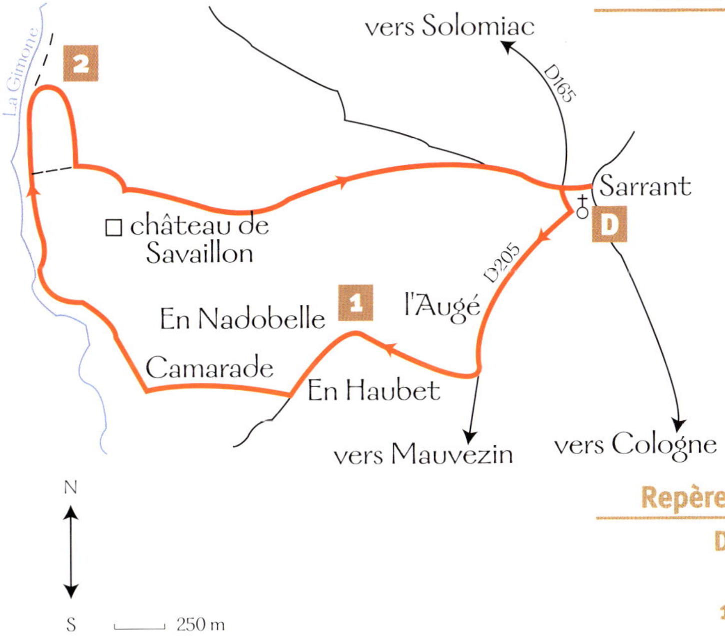

Repères G.P.S. :

D 0333350
4849125

1 0332075
4848425

2 0330700
4849625

50•Le bois de Burgaud

À LA limite de la Haute-Garonne, du Gers et du Tarn-et-Garonne, cette balade nous réserve des aperçus divers. Au nord, s'étale la Lomagne, patrie du mathématicien Pierre de Fermat, avec sa capitale Beaumont dont la grande halle en charpente du XVe siècle atteste de sa vocation de marché. Au sud, c'est Grenade, riche bastide fondée en 1290, dont l'église et la halle du XIIIe valent le détour. Mais, n'oubliez pas de vous arrêter à quelques kilomètres de Burgaud, à l'église du village de Bouillac où vous découvrirez le trésor de l'abbaye de Grandselve : des chasses du XIIIe et un reliquaire de la Sainte-Epine qui ont survécu heureusement à la Révolution.

Du village au bois de Burgaud, le regard s'échappe au loin vers le Gers dont les collines ondulent à perte de vue. Un pigeonnier, de jolies demeures, un chemin de crête, c'est une randonnée agréable et facilement accessible à tous.

» POUR S'Y RENDRE (40 KM)

Á Toulouse, rejoignez Grenade par la D 2. Puis prenez la D 3 en direction de Beaumont. Dans Aucamville, prenez à gauche la D 47 en direction du Burgaud. Garez-vous près de l'église.

» LA BALADE

Quittez Burgaud par la D 47 en direction de Bellesserre sur 50 m. Prenez le premier chemin goudronné à droite qui passe sur La Nauze (chemin de la Forêt) et poursuivez-le pendant 4 km (1 h).

1 Après avoir traversé la forêt, prenez à gauche un large chemin de crête. Continuez tout droit jusqu'à la D 30 que vous traversez.

2 Prenez le chemin en face qui s'enfonce dans le bois et le traverse en une grande courbe vers la gauche.

3 Á la sortie du bois, continuez sur le chemin qui passe au pied d'une jolie demeure avec un pigeonnier, poursuivez tout droit jusqu'à la route que l'on prend à gauche sur quelques mètres. Traversez la D 30 et continuez en face. 750 m plus loin vous rejoignez le carrefour de Roudès. Tournez à droite vers Le Burgaud.

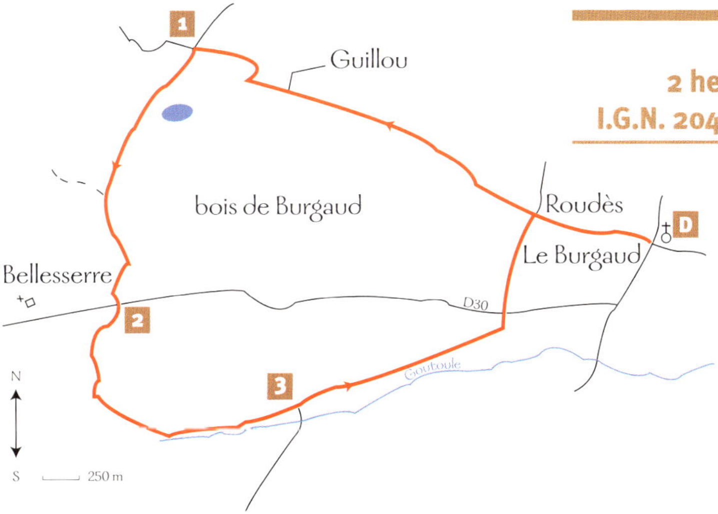

10 km
2 heures 30
I.G.N. 2042 ouest

Repères G.P.S. :

D 0352050 4851125

1 0348875 4852450

2 0348350 4850750

3 0349250 4849925

Vous pouvez faire part de vos remarques, critiques, suggestions aux auteurs à cette adresse :

auteurs@cepadues.com

Messages
111, rue Nicolas-Vauquelin – 31100 Toulouse
Tél. : 05 61 41 24 14 – Fax : 05 61 19 00 43
mél : imprimerie@messages.fr

Imprimé en France